Leão

Leão

Max Klim

COLEÇÃO VOCÊ E SEU SIGNO
Leão

3ª EDIÇÃO

CIP-Brasil. Catalogação-na-fonte
Sindicato Nacional dos Editores de Livros, RJ.

Klim, Max

K72L   Leão / Max Klim. – 3ª ed. – Rio de Janeiro:
3ª ed. Nova Era, 2008.
.-- (Você e Seu Signo)

Inclui bibliografia
ISBN 978-85-7701-297-8

1. Horóscopos. 2. Astrologia. I. Título. II. Série.

01-1361

CDD – 133.54
CDU – 133.52

Copyright © 2001 by Carlos Alberto Lemes de Andrade

Ilustrações de miolo e de capa: Thais Linhares

Todos os direitos reservados. Proibida a reprodução,
no todo ou em parte, sem autorização prévia por escrito da editora,
sejam quais forem os meios empregados.

Direitos exclusivos desta edição reservados pela
EDITORA NOVA ERA um selo da EDITORA BEST SELLER LTDA.
Rua Argentina 171 – Rio de Janeiro, RJ – 20921-380 – Tel.: 2585-2000

Impresso no Brasil

ISBN 978-85-7701-297-8

PEDIDOS PELO REEMBOLSO POSTAL
Caixa Postal 23.052 – Rio de Janeiro, RJ – 20922-970

Por toda uma saudade,
a Cláudia Beatriz, eterna presença.
E Marco Aurélio e Brunno Sérgio,
razão de vida, sonhos e esperanças...

Sumário

Prefácio 9

PARTE 1
Introdução 11

Os Astros Governam nossa Vida 13

Capítulo 1 — Os Astros e o Ser Humano 17
A influência dos astros 19
A polêmica das previsões 37

Capítulo 2 — A Astrologia sem Mistério 43
O horóscopo, uma distração 45
O enigmático zodíaco 47
Os signos 48
Termos-chave da astrologia 52
A natureza e a astrologia 63
A influência da Lua 66
Os elementos 68
Os decanatos 70
O que significam os planetas 72
O dia da semana 74
Os ciclos e eras astrológicos 76
Era de Touro 78
Era de Áries 80

8 MAX KLIM

Era de Peixes 82
Era de Aquário 85

PARTE 2

Capítulo 3 — Leão 89
Abertura 91
Eu faço... 93
A personalidade leonina 97
Conceitos-chave positivos 111
Conceitos-chave negativos 112
Exercícios leoninos 114
O homem de Leão 115
A mulher de Leão 117
O amor e o sexo em Leão 120
As combinações de Leão no amor 123
A saúde e o leonino 129
O trabalho leonino 131
Os muitos signos nos decanatos de Leão 135

Capítulo 4 — O Temperamento 141
O ascendente revela os seus segredos 143
Como calcular o ascendente 145
Tabela 1 — Horário de Verão 149
Tabela 2 — Correção Horária 150
Tabela 3 — Hora Sideral 151
Tabela 4 — Signo Ascendente 152
As combinações de Leão e o ascendente 153
Leão com ascendente em: 154

Bibliografia 161
O Autor 165

Prefácio

Este livro nasceu de uma dúvida e muitas certezas. A dúvida a tive ao começar a escrever sobre astrologia há mais de trinta anos, como recurso jornalístico de necessidade editorial momentânea. As certezas vieram com a constatação de que muitas das coisas que aprendi em astrologia se materializaram em realidade que não havia como contestar ou negar.

À medida que o cético pesquisador se aprofundava no seu trabalho, muitas dessas verdades nasciam, reafirmando-me a crença de que não se tratava de mera coincidência a constatação de um enorme volume de dados sobre o temperamento humano, quando analisado sob a ótica da posição astral de alguns corpos celestes.

Não foi uma certeza de fácil absorção a quem se mostrava disposto a demolir mitos e desmanchar toda uma série de "crendices" que a arrogância do intelecto atribuía ao despreparo e à simplória ignorância. Obtive-a em meu próprio modo de ser e me comportar, quando me vi diante de inexplicáveis tendências e arroubos incompatíveis com um comportamento racional.

Nativo de Áries, tive em meu signo as respostas a dúvidas tais, a ponto de me aprofundar ainda mais na busca pela verdade que os astros encerram. E as encontrei em muito do que chamo de *astrologia de características*, o estudo mais sério e determinado daqueles que se interessam por desvendar os mistérios da natureza humana.

Tornar tudo isso acessível é a proposta deste trabalho, resultado de pesquisas e da busca incessante pela comprovação das mais diferentes teorias e conceitos. Fazer deste estudo uma ferramenta de ajuda aos outros foi o passo seguinte, natural e previsível.

PARTE 1

Introdução

Os Astros Governam nossa Vida

As mais recentes pesquisas do telescópio Hubble mostram que existem no Universo mais de 250 milhões de galáxias com bilhões de sóis iguais ao nosso, o que revela a existência de um campo progressivo de força e energia, gerador de campos gravitacionais que interferem em todo o Universo. Se somos matéria, o que vale dizer, energia em determinado estado de vibração, não resta dúvida de que toda essa força existente no Universo há de interferir, de uma forma mais sutil ou mesmo em graus mais intensos, em nossa forma de ser.

Isso explica a astrologia e nos dá um caminho para entender por que seres de diferentes origens apresentam semelhanças em sua maneira de agir e de reagir, como se fossem guiados por uma mesma energia.

Quando dizemos que o nativo do signo de Leão age com sentido de mando, na busca permanente pela liderança de pessoas, grupos e tudo ao seu redor, estamos simplesmente afirmando que as pessoas nascidas no planeta Terra, quando ele se encontra, em determinado ponto do espaço, recebem o mesmo feixe de influências geradas por esses milhões de ga-

14 MAX KLIM

láxias que agem em conjunto na formação da energia que move o universo.

E isso se aplica a todos os signos, de forma quase exata, levando-nos à certeza de que os movimentos do planeta Terra em torno de si mesmo, circundando o Sol e se inserindo na evolução do sistema solar dentro da nossa galáxia, que também está em movimento, influenciam sistemas, planetas, continentes, mares, terra e gente... Não há como negá-lo.

Essa energia transmudada em matéria que forma nosso corpo é passível de influências externas, e nesse aspecto entram os conceitos de astrologia como forma de detecção de temperamento, personalidade e comportamento.

Analisando os signos, chega-se facilmente à conclusão da similitude de elementos entre os nativos de um mesmo período, como se todos os que nascem quando os movimentos de translação, rotação e da caminhada da Terra em direção a outro ponto da Via-Láctea absorvessem os mesmos dons e a mesma capacidade e debilidade.

Por isso, quando se recomenda, por exemplo, a um nativo de um signo um pouco mais de abertura em seus contatos humanos, toca-se em característica comum daquele signo que tem nas suas características a introversão; ou seja, a introversão faz parte de um tipo específico de influência para os que nascem em um dado período — quando um planeta passa por determinada constelação. E isso se repete signo a signo, de uma forma impressionante.

Se há energia ou força cósmica gerando os mesmos elementos de influência, conhecê-los, dirigi-los e controlá-los é mudar nossa própria vida, buscando os pontos ideais que todos pretendemos em nossa existência com o emprego dessa mesma força e energia. E isso é possível...

O autoconhecimento é a ciência de nossos pontos mais fortes e das características mais frágeis de nosso temperamento e de nossa personalidade. Uma ciência que nos faz pessoas mais capazes por lidarmos com coisas que sabemos passíveis de mudança ou atenuação.

Isso vale tanto para a criatividade arietina, a segurança taurina, a indecisão geminiana, o isolacionismo canceriano, o exibicionismo leonino, o detalhismo virgiano, o equilíbrio libriano, o passionalismo escorpiano, o senso crítico sagitariano, as exigências capricornianas, os avanços aquarianos e o misticismo pisciano. Para todos os nativos de um determinado signo, os elementos são os mesmos e se repetem.

Cabe-nos dirigir nossas energias, conhecendo bastante nossos pontos fortes e fracos para saber o que fazer quando eles se manifestam. Isso nos torna pessoas mais perfeitas, embora não se pretenda, por impossível, remover-se traços de temperamento e caráter.

A astrologia é uma das mais perfeitas dessas ferramentas e podemos usá-la em todos os instantes em nosso cotidiano de trabalho, nos relacionamentos, nos projetos, em família, no amor e em tudo o que fazemos.

Não se usa a astrologia como forma mundana de adivinhação barata. Sem ser ciência, o estudo das influências dos astros sobre nosso temperamento é uma proposta de estudo em um campo que o ser humano ainda não conhece inteiramente. Um estudo válido e que pode nos tornar bem melhores do que somos.

Capítulo 1

Os Astros e o Ser Humano

...Ao derramar ao solo a semente, busque fazer com que o seu deus particular zele por ela e a faça brotar. Ore para Astatéia e observe as estrelas que dirão do tempo para sua colheita e o levarão à abundância e à fartura...

<small>Conselho em tabuinha com escrita cuneiforme, do século VI a.C., descoberta em Beitsun, na Pérsia, atual Irã, em 1836.</small>

A influência dos astros

A crença na influência dos astros sobre a nossa vida se perde no tempo. Desde que o primeiro homem observou o movimento das marés ou determinou a época mais conveniente para o plantio, associando-o às fases da Lua, muito se falou e se acreditou sobre a influência astral no comportamento do ser humano, na nossa forma de ser e até mesmo na determinação de nosso destino.

Hoje, até o mais descrente dos seres não deixa de reconhecer a importância da astrologia para muitas pessoas. E muitas delas nada fazem sem a consulta diária ao seu horóscopo. Milhões buscam avidamente as análises de mapas astrológicos que, sofisticados, se utilizam dos mais avançados recursos da tecnologia para analisar a influência dos planetas e corpos celestes sobre a vida humana.

Ainda que muitos não acreditem em previsões e mapas, e o façam com razão, pois em sua maioria eles são feitos de forma aleatória e sem a consideração ao fato de que o ser humano não vive só no mundo e que no nosso cotidiano somos parte de grupos, sujeitos à interação social, nos obrigamos a reconhecer que alguma coisa existe em torno do alto nível de acerto das análises astrológicas de temperamento e personalidade.

Por isso, a constatação de que existem análises com índices de acerto de mais de 70% quanto à característica dos analisados confere à astrologia de características um grau de acerto superior a muitas das chamadas "ciências". E, em razão disso, ela vem sendo usada, a cada dia com maior sucesso, nas mais diferentes atividades, para determinar as características de uma pessoa, suas tendências, qualidades e fraquezas.

Já se faz seleção de pessoal por astrologia, com análises que apontam aptidões e potencial, todas comprovadas na prática de grandes e pequenas empresas. Até mesmo na criminologia mais moderna realiza-se a análise do caráter de infratores com a determinação do mapa astral de suas características.

Em muitos países funcionam centros de investimento baseados em astrologia, o que vem confirmar seus estudos para a observação do comportamento do ser humano, suas características mais marcantes, seu potencial e seus pontos fracos e fortes.

Com isso, chegamos a ponto de poder afirmar, com certeza, que a astrologia, se usada como elemento auxiliar de auto-análise, vai permitir a uma pessoa conhecer-se melhor usando um dos mais populares e confiáveis elementos de auto-ajuda de que se tem notícia. E com a vantagem de ser um elemento acessível ao nível de cultura da maioria das pessoas. É

LEÃO – COLEÇÃO VOCÊ E SEU SIGNO ♌ 21

lógico, sem a infalibilidade de ciência exata, mas como complemento a outras das chamadas ciências sociais. Um apoio importante para que passemos a nos ver de forma mais correta.

E isso pode ser avaliado pelo fato de que todo nativo de Áries, por exemplo, pode cometer erros pela sua costumeira e universal tendência à precipitação em algumas de suas atitudes. Quando fazemos tal análise, não estamos avançando sobre nenhum dogma da ciência ou da religião.

Na verdade, todo nativo do primeiro dos signos, o arietino, tem uma forte tendência a agir primeiro e pensar depois. A isso se chama precipitação, que, descontrolada, constitui uma forma destrutiva e negativa de comportamento. Uma vez que o arietino conheça dessa tendência e forma de comportamento, nada mais natural que controlá-la, agindo no sentido de utilizar-se de ajuda que pode ser fundamental em sua vida.

E os exemplos não ficam apenas por conta da maneira voluntariosa de ser do nativo de Áries. Todos os outros signos apresentam elementos comuns de deficiências e de qualidades que podemos controlar e moderar ou ampliar, fazendo-nos melhores diante de um mundo que busca a perfeição em todos os seres humanos, a ponto de torná-la compatível com uma era em que a competição alcança níveis exagerados.

Pensando nas 12 casas do zodíaco, e como antecipação da análise individual dos signos, podemos afirmar com segurança, à maneira do que fizemos com o nativo de Áries, que: todo taurino tem um comportamento teimoso e persistente que deve ser canalizado para aquilo que exige permanência; o nativo de Gêmeos mostra a curiosidade e a versatilidade que o fazem notável anfitrião e bem-sucedido profissional dos setores que exigem tais qualidades; o canceriano é maternal e intuitivo, fazendo disso base para atividades que exigem elementos fortes de apego à vida em família; o leonino, um ator em busca do aplauso de seu público, está sempre capacitado à liderança de grupos; o nativo de Virgem é o mais exímio dos profissionais pelo seu apego aos detalhes e sua capacidade analítica, e o libriano, encarnando o equilíbrio do centro do Céu zodiacal, é o juiz mais criterioso e o mais judicioso dos julgadores. Assim, vale também para o nativo de Escorpião a afirmativa de que seu caminho se liga à investigação e à atividade criadora que exigem paixão; o sagitariano, sempre em busca da liberdade, melhor se dá em atividades que não tolham sua iniciativa; o capricorniano, sempre prático e tradicionalista, é capaz de enfrentar a mais repetitiva das tarefas sem esmorecer; e o aquariano, sempre visionário e adiante de seu tempo, é capaz de absorver avanços com a maior naturalidade, enquanto o nativo de Peixes se mostra um ser espiritualizado e introvertido, confiável para tudo o que exija moderação.

É claro que uma análise superficial não nos permitiria a exata definição do caráter e da maneira de ser de cada pessoa apenas com afirmativas simples como estas. Há sempre a necessidade de se aprofundar um pouco mais a análise para que descubramos, em cada um de nós, nosso potencial mais ampliado, nossas deficiências mais marcantes e nossas qualidades mais evidentes.

Isso pode ser feito no sentido de nos possibilitar um quadro completo de características que nos indicarão o melhor caminho a seguir em nossas vidas, eliminando inadaptações e inadequações de comportamento, superando frustrações e angústias e fazendo com que, nos conhecendo melhor, encontremos, senão a felicidade, um pouco mais de entendimento sobre alguns dos "mistérios" que cercam nossa forma de ser e agir e que, embora comuns a milhões de pessoas, ninguém até hoje conseguiu explicar com exatidão.

É na astrologia que podemos buscar a explicação de diferenças para personalidades e caminhos sólidos na profissão, nos relacionamentos pessoais e afetivos, na forma de reagir diante do mundo, na maneira com que recebemos a influência de nosso grupo ou que reagimos a essa influência. Tal explicação, quando feita com base técnica correta, nos permite olhar para nós mesmos e saber como levar o desafio que a vida nos oferece com maior tranqüilidade, maior aceitação e maior felicidade.

Conhecer-se pela astrologia é um processo de fácil assimilação e de resultados surpreendentes, como se pode constatar por aqueles que superaram falhas graves em sua maneira de ser apenas conhecendo dessa característica ou tendência, evitando assim bons e grandes problemas.

A partir desta observação, se pode concluir que é possível e nos cabe controlar atributos próprios de nosso signo e superar obstáculos e empecilhos que, de outra forma, só conseguiríamos com muita luta e dificuldade. Os que tentaram comprovam a possibilidade de melhorar o desempenho profissional e pessoal pelo maior conhecimento da própria potencialidade. Uma potencialidade que, em última análise, é influenciada pelos astros.

Mas a experiência não vem apenas dessa simples constatação. Fatos ocorridos com pessoas cuja vida é de domínio público nos fazem aceitar a validade desse princípio. Os astros realmente marcam para cada uma delas elementos que são características definitivas em suas existências. Nomes e casos famosos ilustram essa conclusão e mostram de forma bem eloqüente que há alguma coisa específica que distingue tais pessoas.

♈ ÁRIES, O VENCEDOR:
O PÓDIO EM PRIMEIRO LUGAR

Sua busca pelo primeiro lugar o levou, de forma inevitável, ao mais competitivo dos esportes. A Fórmula 1 era o caminho natural do paulista Ayrton Senna da Silva, nascido às 02h35 do dia 21 de março de 1960, um arietino. Obcecado pelo primeiro lugar, inovador

LEÃO – COLEÇÃO VOCÊ E SEU SIGNO ♌ 25

nas técnicas do automobilismo, pioneiro em muitas de suas iniciativas, ele jamais se contentou em ser segundo de alguém. Voluntarioso, independente, arrogante diante do adversário e generoso com os amigos, Ayrton soube canalizar a ânsia pela vitória e garra típicas de seu signo para uma atividade coerente com seu perfil astrológico. Até seu último momento de vida foi marcado pelo seu próprio signo, Áries. A morte na curva Tamburello, em Imola, na Itália se deu exatamente por um acidente com o ponto fraco do organismo e da fisiologia do nativo de Áries, a cabeça.

♉ TOURO, COM OS PÉS NO CHÃO: UM TEIMOSO GENERAL

Aquela figura de guerreiro impressionava até mesmo o mais descrente dos inimigos. Adoentado, ele insistia em ir ao campo, na manhã fria de um final de abril de 1866. Não sem antes ser duramente criticado por seus próprios colegas generais em guerra no Rio da Prata. Era ele Manoel Luís Osório, um taurino nascido no Rio Grande do Sul, em 10 de maio, e considerado um dos maiores nomes na história das Américas em todos os tempos. Sua valentia, sua determinação e, mais que tudo, a persistência da busca de seus objetivos pessoais na vida militar e nas atividades civis eram marcas pessoais. Em campos de guerra, foi avaliado como um ser humano "teimoso como um boi empacado", pelo argentino Venâncio

Flores, que o apontou como o maior general do hemisfério sul em todos os tempos. Em batalha, é ferido na região occipital (parte ínfero-posterior da cabeça), área de seu corpo governada por seu signo.

II GÊMEOS, A DUALIDADE:
O PRESIDENTE E A CONTROVÉRSIA

Um homem feito para as grandes conquistas, um anfitrião que encantava a todos os que recebia, um curioso observador da vida e da gente, perspicaz e de gênio franco que dele fazia um político de reações súbitas e espontâneas. Assim era John Fitzgerald Kennedy, um geminiano nascido em 29 de maio, em uma família de origem irlandesa e católica, contradições geminianas na sociedade predominantemente puritana dos Estados Unidos. Kennedy se destacou como político pela sua imensa capacidade de vislumbrar todos os ângulos de uma questão. Com as virtudes de seu signo, por elas se perderia. Foi indeciso na tomada de decisões importantes na vida americana, titubeando quando do início da escalada da guerra no Vietnã e na questão da Baía dos Porcos, contra Cuba. Sua personalidade brilhante e presa ao *grandmonde* da Camelot dos sonhos americanos conquistou o mundo, e sua morte, na Helm Street, em Dallas, no dia 22 de novembro de 1963, transformou-se em uma das maiores polêmicas do século XX com as mais diferentes versões sobre um fato histórico para o mundo moderno. E aí cumpriu-se a sina dos nativos de seu signo: a polêmica até com a morte.

♋ CÂNCER, O NACIONALISTA: "ATÉ TU, BRUTUS?..."

Uma das maiores figuras da história, o imperador romano Caio Júlio César, nasceu no dia 12 de julho e sua vida e seus atos revelam bem as características do signo de Câncer. Nacionalista que conseguiu unificar e ampliar os domínios de Roma, o seu lar, sua casa, sua terra, foi responsável por grandes reformas na vida da maior civilização de seu tempo. Humanitário, maternal em seus sentimentos, era intuitivo e escreveu a história de sua época, com rara inventividade nas técnicas de guerra e na estratégia da conquista. O gênio militar, autor de momentos gravados para a posteridade, ao romper o *status* de um Império com o seu *alea jacta est* no Rubicão, na caminhada rumo ao poder com a volta a Roma, mostrou determinação para enfrentar o Senado todo-poderoso. O canceriano cumpria a sua sina. Extremamente apegado à família, era acusado pelos seus críticos de excessivo egoísmo. A conspiração para matá-lo, envolvendo seu filho adotivo Brutus, se materializou nas escadarias do Senado e o brutal ataque que o feriu seguidas vezes no peito e no estômago fez cumprir, no físico e nas circunstâncias da morte pelas mãos do próprio filho, a sina do canceriano.

♌ LEÃO, O CONQUISTADOR:
DE POBRE A IMPERADOR

De origem duvidosa e humilde na Córsega, aquele militar que se alistou menino no Exército francês poucas chances tinha de galgar os degraus da fama e da glória. Mas Napoleão Bonaparte, o gênio que marcaria a história do mundo pela sua incontestável liderança, foi capaz de mudar seu destino e fazer com que da linha de frente na guerra contra o Egito chegasse ao Palácio de Versalhes, numa típica ação leonina. Nascido em 15 de agosto, de família pobre, com descendência incerta, sem nome e sem proteção, em uma ilha que não se considerava parte da França, a Córsega, era um ser fadado a liderar. Sua pequena estatura não evitava sua excessiva vaidade. Foi um gênio na arte de fascinar e comandar pessoas. Arrogante, criativo, romântico, chegou à crueldade e ao instinto ditatorial em determinados momentos de sua vida. Adorado pelos franceses, foi um ator de seu tempo à frente do palco do mundo à espera do aplauso. Morreu em 1821 de causa ainda não explicada, mas, que se suspeita, provocada por um veneno que procurava simular um ataque cardíaco. Foi, até na morte, um típico líder, nativo de Leão.

♍ VIRGEM, O DETALHISMO: A DAMA E O SEU MISTÉRIO

De sua pena surgiram os mais intrincados mistérios da novela policial em todos os tempos. Arguta observadora do caráter humano, capaz de identificar em minúcias aquele pequeno detalhe que aos outros passaria despercebido, Agatha Christie foi a típica virgiana, a mulher que simboliza o signo do relojoeiro, o profissional das peças pequenas, do cuidado, do estudo minucioso, perfeccionista acima de tudo. Considerada nos meios literários europeus uma operária das letras, era uma figura que os seus mais íntimos classificavam de extremamente exigente, misteriosa e de difícil contentamento. Agatha Christie encarnou por toda a sua vida, e como ninguém, o típico nativo de Virgem. Nascida em 15 de setembro, ela soube dar ao gênero que escolheu para suas criações literárias a persistência de tramas sempre detalhistas e intrincadas. Conquistou o mundo com suas surpreendentes histórias de mistério e suspense, fazendo do detetive Hercule Poirot, na verdade ela própria, o mais hábil dos investigadores, capaz, com sua habilidade, de desvendar segredos a partir das pequenas pistas, do detalhe quase despercebido, da pequena discrepância, num típico comportamento do nativo de Virgem.

♎ LIBRA, O EQUILÍBRIO:
A CONQUISTA PELA NÃO-VIOLÊNCIA

Seu nome tornou-se símbolo do equilíbrio entre a ação violenta e o pacifismo. Mahatma, ou "a grande alma", nome que seus contemporâneos lhe deram por seu prestígio e por sua importância histórica no mundo moderno, o indiano Mohandas Karamchand ficou conhecido por Mahatma Gandhi depois de lutar pela independência da Índia, enfrentando aquela que era então a maior potência colonial do mundo, a Inglaterra, apenas com seus irresistíveis apelos à política da não-violência. Todos os seus biógrafos são unânimes em reconhecer nesse advogado de formação européia, nascido em Libra, no dia 2 de outubro, de fala mansa e que insistia em destacar-se de seus pares pelas roupas simples e conduta controlada, a figura refinada de intelectual que esgrimia a palavra e as armas da política como ninguém. E ele acabou por se tornar símbolo de uma era. Preso oito vezes na sua luta contra o domínio britânico, nunca deixou de lado a diplomacia ao tratar com os dominadores de sua pátria. Era sociável até com os próprios inimigos e foi vítima de seus compatriotas nacionalistas. A sua morte, quando buscava a conciliação, revela um sentido bem próprio de Libra, o signo do diálogo e do entendimento nas mais difíceis situações.

♏ ESCORPIÃO, A DETERMINAÇÃO: O PASSIONAL REFORMISTA

Sua figura emerge da história com uma força inimaginável em nossos dias. Um simples monge se decepciona com a estrutura da Igreja Universal, dominante e todo-poderoso, se volta contra Roma e desafia o poder político secular e até mesmo os dogmas espirituais do catolicismo, colocando abaixo toda uma estrutura organizada em 1.500 anos de domínio quase inatacado em todo o mundo ocidental. O monge agostiniano Martinho Lutero é o típico nativo de Escorpião. Nascido no dia 10 de novembro, ele se prendeu à curiosidade investigativa natural de seu signo. E, nisso, foi além do admitido pelos dogmas religiosos da época ao combater indulgências que classificou de desvios na religião. E deu início a sua caminhada de reformador religioso. Passional, levou a extremos a sua campanha e, mais tarde, a sua própria vingança contra uma estrutura religiosa que o considerou herege e que, pela excomunhão, o afastou. Com ele, começou a reforma que deu origem ao protestantismo, fazendo dessa busca pela mudança a prática de outra das características do seu signo. Era uma figura realizadora que chegou quase à intolerância, impulsionado pela perseguição do poder católico da época.

♐ SAGITÁRIO, A LIBERDADE: A MÃE DOS BRASILEIROS

De origem aristocrática, irmã de altos oficiais do Exército imperial, seu senso humanitário e ânsia por agir com total liberdade a levaram a uma das mais sangrentas das guerras do século passado, a Guerra da Tríplice Aliança, no Paraguai. Quando as mulheres se educavam e viviam apenas para o lar e o marido, Ana Justina Ferreira Néri, uma sagitariana nascida no dia 13 de dezembro, foi ao campo de batalha onde revelou os dotes que a fizeram uma das maiores personagens da vida sul-americana em todos os tempos. Generosa, mesclando a prática da religião com o assistencialismo desinteressado, ela se destacou de suas contemporâneas com a sua presença num teatro de guerra, onde a mulher era elemento estranho. Sua impaciência e o amor à natureza fizeram com que Ana Néri chegasse às mais avançadas trincheiras na linha de frente das batalhas em que, indiferentemente, prestava socorro aos soldados feridos e até a animais abatidos pela insânia da guerra. Presença constante, sempre atendendo todos que a cercavam com palavras de otimismo e confiança. Sua franqueza contra a política de guerra nem sempre agradou aos poderosos da época, mas, por isso mesmo, sua figura cresceu com atos de justiça e piedade, numa referência direta a dons tipicamente sagitarianos.

♑ CAPRICÓRNIO, O TRABALHO: A MARQUESA DO LIBERALISMO

Seu papel na vida de um povo, ainda não devidamente valorizado na formação da política sul-americana, antecipou em um século e meio a presença da mulher na história. Por todas as suas ações, Domitila de Castro Canto e Melo, a marquesa de Santos, amante do imperador Pedro I, teve um papel fundamental no ânimo do jovem português que tornou independente o maior país do hemisfério. Perfeccionista, trabalhadora, prática na medida oposta à vida fútil e à ociosidade da corte brasileira, a marquesa, uma capricorniana do dia 27 de dezembro, tinha uma postura liberal e contribuiu para moderar a decantada impulsividade do jovem príncipe que se tornaria rei em dois mundos. Seu rigor e suas exigências, em um romance que venceu o tempo, controlou, sob o manto de uma discrição impensável para a então acanhada e pequena cidade que sediava a Corte, a mais importante figura da época no Rio de Janeiro. E seu romance mudou os rumos da política latino-americana no início do século. Dominadora e exigente ao extremo, era uma personalidade que impunha respeito aos nobres que freqüentavam a Quinta da Boa Vista, no tumultuado governo de Pedro I. Morreu aos setenta anos, com artrite e problemas reumáticos, outra das características capricornianas.

♒ AQUÁRIO, A REBELDIA: ESCÂNDALO NO PRIMEIRO MUNDO

Como todo nativo de Aquário, a jovem artista portuguesa que fez do Brasil a sua pátria e levou o ritmo brasileiro ao cinema em Hollywood, e daí a todo o mundo, era a típica figura da mulher adiante de seu tempo. Independente e individualista, Maria do Carmo Miranda da Cunha, ou simplesmente Carmem Miranda, nasceu no dia 9 de fevereiro. Sua agitada e curta trajetória de vida mostra bem as características de Aquário, seu signo. Temperamental e radical, chegou a extremos ao se apresentar em *shows* numa sempre inovadora *mise-en-scène* que chamava a atenção. Seus conceitos avançados a fizeram em uma dessas ocasiões, para escândalo e afronta à puritana sociedade norte-americana, se apresentar em público sem calcinha, num gesto que ganhou as colunas de mexericos e a colocou em confronto com os grandes da Meca do cinema. Incompreendida por seus contemporâneos, Carmem Miranda foi a menina rebelde de uma tradicional família lusitana que emigrou para o Brasil quando ela ainda era jovem. Aqui deitou raízes e se dedicou às artes, em outra das suas características aquarianas. Tinha problemas circulatórios que a levaram à morte, outra típica referência à influência de Aquário sobre nosso corpo.

♓ PEIXES, A INTUIÇÃO:
O PAPA DA MELANCOLIA

Sua figura expressa, na história do século passado, um dos ícones mais importantes da vida religiosa e da política internacional em todo o mundo. Eugênio Maria Giuseppe Pacelli, o papa Pio XII, foi o mais expressivo exemplo da figura do nativo de Peixes a ocupar o trono de Pedro, em quase dois milênios do catolicismo romano. Enigmático, introspectivo, místico, sua figura sempre foi cercada de uma aura de santidade que o tempo só fez por ampliar. E, além disso, tinha uma personalidade influenciável, demonstrada em suas atitudes nem sempre claras em tempo de guerra na Europa. De vida moderada quando ocupou a chefia da Igreja, não expressou por atos e gestos a sua nobre origem em uma das mais tradicionais famílias romanas. Simpático e emotivo, deixou marcas em muitas viagens quando ainda cardeal, época em que revelava um caráter sensível que lhe permitiu muitas vezes condoer-se diante da miséria e da pobreza. Foi acusado pelos seus críticos de tímido diante dos avanços do nazismo na Europa e do fascismo na Itália. Mostrou durante seu papado uma forte tendência à valorização do misticismo e sob ele a Igreja tornou públicas suas maiores preocupações com o psiquismo coletivo. Nascido no dia 2 de março, Pio XII encarnou o signo da própria religião que chefiou, Peixes.

Por todos estes 12 exemplos de figuras que ocuparam páginas de livros e jornais, nos mais diferentes períodos da história do mundo, pode-se garantir que há traços bem típicos a diferenciar as pessoas pelo signo em que nasceram.

Apesar disso, a simples determinação do signo solar, com referência ao nascimento de uma pessoa, não mostra todos os elementos que fazem a personalidade de um ser humano. Estes foram exemplos de figuras que encarnaram de forma notável as principais dessas características da influência do Sol em nossas vidas.

Mas o ser humano não é apenas o que diz seu signo solar, aquele que nos fala da individualidade do ser na sua formação. Dois outros elementos — o **signo ascendente** e o **signo lunar** — compõem de forma muito intensa a maneira de se mostrar, comportar e agir. O signo ascendente é determinado pelo planeta que sobe no horizonte na hora do nascimento de uma pessoa. Este "signo" nos diz do temperamento do ser, sua forma de absorver o que mundo lhe impõe e é calculado com base na análise, o mais exata possível, da hora e local de nascimento da pessoa (ver Capítulo 4).

O signo lunar, por sua vez, é determinado pela regência da Lua sobre uma casa específica na hora do nascimento. A Lua, em seu movimento em torno do nosso planeta, governa horas diferentes do dia e se posiciona diversamente nas 12 casas que representam os signos do zodíaco, daí a sua influência em casas que nem sempre coincidem com o signo solar ou o ascendente. O signo lunar governa a personalidade do indivíduo, a sua maneira de reagir diante do mundo. Sua identificação é feita por tabelas específicas que mostram astronomicamente o movimento da Lua no correr do dia do nascimento.

A polêmica das previsões

Os mais ácidos críticos da astrologia sempre reservam "exemplos" de previsões e análises feitas pelos mais diferentes "astrólogos" e que não deram certo, para atacar o estudo das influências astrais sobre nossa vida. É verdade que, todo ano, milhares de "iluminados" vão à televisão, aos jornais e revistas prever acontecimentos e desfiam um sem-número de indicações genéricas que, por vezes, coincidem com a realidade e, por outras, dela passam longe.

É a adivinhação que faz a alegria dos editores e atende à necessidade crescente do ser humano de esperar por "alguma coisa" que lhe mude a vida e o próprio amanhã.

A maioria dessas previsões são feitas com base em uma fórmula simples e colocadas, quase sempre, em torno de generalidades do tipo "os meios artísticos vão ser abalados no segundo semestre pela morte de uma figura notável que mudou os rumos do setor" ou, ainda, "a morte de uma figura de expressão pública vai chocar as pessoas e deixar um vazio na cena política". São previsões "certas", pois sempre há alguém morrendo que se enquadra nesse tipo de brincadeira.

Ao contrário disso, é evidente a constatação, pela astrologia, quando levada a sério, de que há coincidências na análise da personalidade de diversas pessoas que são do mesmo signo. Isso mostra que alguma coisa torna os indivíduos nascidos em determinado período sujeitos a uma força comum, que lhes dá algumas características semelhantes, passíveis de análise e medida.

Para corroborar esta afirmação, há um velho ditado chinês que nos diz que, "se o cavalo vence uma vez, a sorte é do cavalo; se ganha por duas vezes, há uma coincidência, mas, se vitorioso por três vezes, que se aposte no cavalo". A astrologia de características já provou que as coincidências não ficam apenas em três dos elementos do caráter e do comportamento de uma pessoa...

Na verdade, não se pode confiar em previsões como aquelas feitas genericamente e para divertir leitores na passagem do ano. Por não levar em conta a interação do ser humano com o seu semelhante, elas falham. Por isso, não há qualquer base de seriedade nessas previsões, pois os seres são influenciáveis pelo seu meio de vida e não existem isolados e sós no mundo.

As análises astrológicas de características, porém, são diferentes dessas "brincadeiras". Características em comum existem e delas se demonstra o bastante para que possamos usá-las a nosso favor, dominando nosso caráter e nossa maneira de reagir, entendendo por que somos e o que somos e fazendo por onde canalizar nosso potencial em proveito próprio.

Isso fica bem claro quando consideramos que, mesmo o mais exato dos mapas astrais, jamais será capaz de prever exatamente todos os acontecimentos de nossa existência, como pretendem os adivinhos da astrologia. Quando elaboramos um mapa, não o fazemos em relação a nossas esposas ou maridos, nossos filhos ou pais, nossos colegas ou patrões, nossos vizinhos e conhecidos que, por suas ações, podem interferir no nosso dia.

Não há como prever, por exemplo, que teremos um dia favorável para determinado signo, se essa análise não for feita também para aqueles que podem mudar o ânimo e as reações do nativo desse signo. Como exemplo, podemos lembrar o patrão que, num acesso de mau humor, pode despedir um funcionário apenas por seu estado de ânimo pessoal, fazendo daquele dia favorável nas previsões do horóscopo um inferno para seu subordinado. Se a previsão foi feita de forma otimista em termos genéricos, o ato negativo do patrão a colocou abaixo.

De nada adiantam as posições planetárias quando vistas apenas no ângulo de uma única pessoa, a não ser que ela vivesse em uma verdadeira "bolha" de tempo e espaço, completamente isolada do mundo exterior, em um ponto onde nem mesmo os fatores climáticos comporiam elementos externos a influenciá-la.

Assim, não é possível fazer previsão genérica para todos os nativos de um mesmo signo, a não ser numa forma de divulgação da astrologia como entretenimento e uma forma de conselho para comportamento.

Mesmo assim, desde a mais remota Antigüidade, o ser humano relata influências dos astros sobre a sua vida. Todas as civilizações fizeram um registro desse tipo de influência, e isso nos vem desde as primeiras formas escritas. No antigo Egito, nas histórias de faraós e nobres, gravaram-se em hieróglifos, em tumbas funerárias, a crença nos astros.

Da mesma forma, nas tabuinhas de argila na Mesopotâmia, há o relato de experiências e costumes dos povos que usavam os astros como forma de determinação dos atos de nobres e governantes. Daí a referência de abertura neste capítulo à tabuinha de Beitsun, no atual Irã, onde já se registrava a invocação das estrelas para que a deusa Astatéia protegesse a colheita.

É cientificamente certa a influência lunar sobre as marés, a menstruação e o ciclo de crescimento das plantas. Da mesma forma, sabe-se da influência das explosões solares sobre o sistema nervoso do ser humano. E, hoje, se discute em psiquiatria, validamente, a influência do movimento da Terra sobre os surtos psicóticos.

Mas o que dizer de outras influências? Vênus seria mesmo o planeta do amor, na lembrança da mitologia e das crenças de gregos e romanos? Marte nos diz da guerra como o queriam os antigos? Qualquer que seja a resposta, ela vai se referir apenas a uns poucos planetas que compõem nosso Sistema Solar e o seu movimento em torno da Terra.

Marcada em símbolos os quais chamamos planetas, trânsitos, aspectos e posições, a astrologia reflete uma certeza: há uma influência universal sobre os seres vivos e ela segue um padrão de tempo e espaço que nossas convenções denominaram planetas e os inseriram num círculo de 12 períodos no que hoje conhecemos como "zodíaco". Por meio dessa influência, nos é possível desenvolver um processo de autoconhecimento e avaliação da nossa forma de ser, para melhor enfrentarmos a vida e os desafios que ela nos oferece.

Capítulo 2

A Astrologia sem Mistério

A astrologia ocidental — pois a astrologia existe também no Oriente com outros nomes, denominações e conceitos — adotou da astronomia comum a maior parte dos termos que emprega. Os mais usuais, e que ouvimos com maior freqüência entre os leigos e estudiosos, são expressões que podem ser facilmente explicadas sem as dificuldades habitualmente encontradas por aqueles que buscam a interpretação de mapas em análises mais profundas.

A terminologia usada por grande parte de astrólogos, horoscopistas e analistas quase sempre se fecha em conceitos que tornam impossível às pessoas comuns conhecer aquilo de que se fala. Mas, na verdade, a astrologia é um estudo bem simples e está ao alcance da maioria das pessoas.

Para essa interpretação mais singela e direta dos conceitos da astrologia, entre expressões e termos específicos, selecionamos aqueles que dão uma visão mais abrangente desse estudo tão fascinante quanto útil.

O horóscopo, uma distração

Há milhares de pessoas que não saem de casa sem abrir o jornal na página da previsão astrológica e ali consultar o seu horóscopo, num costume que se difundiu mundo afora e hoje é hábito para boa parte da população. Mas se o horóscopo ganhou importância, isso também levou a alguns exageros, como o que é cometido pelas pessoas que passam a dirigir suas vidas apenas pela leitura ou interpretação do horóscopo diário.

Isso pode ser medido pelo volume da correspondência encaminhada aos horoscopistas dos jornais e emissoras de rádio, verdadeiramente impressionante tanto por seu número quanto pelo grau de confiança que as pessoas manifestam por esses profissionais em suas cartas. Pesquisa de opinião pública realizada por um grande jornal brasileiro apontou o horóscopo diário como a terceira coluna mais lida em suas edições, o que representa uma responsabilidade muito grande para os profissionais que, elaborando horóscopo, praticamente jogam com a vida de pessoas.

O que mais impressiona, no entanto, não é esse alto interesse e o volume da correspondência. Na realidade, chama atenção o nível intelectual e social dos autores dessas cartas que mostram, na sua maioria, pertencer às camadas mais altas da população. São profissionais liberais, pessoas de cultura acima da média, todas interessadas em buscar orientação e explicações para o seu cotidiano, suas inquietações e um pouco mais de esperança para o seu próprio futuro.

O horóscopo é, numa conceituação mais objetiva, segundo definição do pesquisador norte-americano

LEÃO – COLEÇÃO VOCÊ E SEU SIGNO ♌ 47

Dal Lee, "a carta de observação da hora", e serve de indicador da hora do nascimento de uma pessoa e sua posição dentro de um determinado quadro de visão estelar indicado pela posição dos planetas no zodíaco. Hoje, o horóscopo se confunde com a própria astrologia, tal foi a sua difusão no mundo ocidental.

Diariamente, são publicados milhares de previsões que, na verdade, significam apenas entretenimento, sem maior responsabilidade com a exatidão de seus conselhos e conclusões. Linda Goodman, no livro *Seu futuro astrológico*, diz que o horóscopo é "uma fotografia da posição exata de todos os planetas no céu na hora de seu nascimento, formada por cálculos precisos e matemáticos", definição também sustentada por Frances Sakoian e Louis S. Acker, em *O manual do astrólogo*.

Em resumo, pode-se dizer que horóscopo é a carta de características ou previsões baseada na hora e data de nascimento de uma pessoa.

O enigmático zodíaco

Originária dos estudos dos povos da Mesopotâmia que há cinco mil anos já conheciam as suas bases, ainda que de forma incipiente, a astrologia ganhou importância entre os caldeus, assírios e sumérios, povos que deram ao estudo dos astros e à sua influência um caráter mágico e bases que o tornavam uma verdadeira "ciência", à época.

48 MAX KLIM

Vem daí a concepção moderna de zodíaco, nome dado pelos gregos ao círculo planetário que determinava os períodos e eras nos quais se baseavam os estudos dos povos mais antigos. Na época, os gregos chamaram "roda dos animais" ou "zodíaco" essa figura que retrata as 12 constelações pelas quais o Sol passa em seu movimento anual pela Via-Láctea.

Essa noção do zodíaco nos mostra um círculo com 12 divisões ou casas, estabelecidas ao longo da eclíptica, que é como se denomina esse movimento solar. Cada uma das 12 divisões se constitui num signo, ou seja, um período que compreende trinta graus do círculo e se aproxima do mês no calendário comum.

A primeira divisão inicia-se habitualmente em 21 de março, o primeiro dia do ano astrológico. Os signos do zodíaco seguem ordem crescente a partir de Áries até Peixes. Essa divisão serve para todos os estudos astrológicos mais aprofundados, situando o nascimento de uma pessoa num determinado espaço de tempo e vinculando-o ao movimento do Sol.

Os signos

Divisões do zodíaco, os signos receberam nomes de constelações conhecidas na Antigüidade e foram agrupados em períodos de 30 graus em média, cada grau representando um dia. Com nomes usados à época, os signos acabaram por receber no Ocidente os nomes gregos ou seus correspondentes em Roma.

Eram denominações comuns a constelações conhecidas desde a Antigüidade: Áries, Touro, Gêmeos, Câncer, Leão, Virgem, Libra ou Balança, Escorpião, Sagitário, Capricórnio, Aquário e Peixes.

Agrupados por elementos — os quatro fundamentais na vida: fogo, terra, ar e água —, os signos foram divididos em três grupos para cada um desses elementos que representam as formas de energia que constituem a base da vida na Terra.

São do elemento fogo: Áries, Leão e Sagitário. Do elemento terra, Touro, Virgem e Capricórnio; do ar, Gêmeos, Libra e Aquário; e da água, Câncer, Escorpião e Peixes. Essa vinculação dos signos aos quatro elementos é de fundamental importância para a análise das características individuais das pessoas.

Os signos são também classificados por sua vibração nos elementos: ígnea, terrestre, aérea e aquosa. Assim, passam a governar o comportamento humano mantendo uma vinculação estreita com as características desses elementos.

Dessa forma, pode-se dizer em relação a cada um dos grupos de signos: os de fogo nos falam dos conceitos de "construção do mundo", pois criar e construir são as bases de Áries, Leão e Sagitário. O nosso "destino como espécie" se refere aos signos da terra — Touro, Virgem e Capricórnio. O "temperamento" do ser humano é vinculado diretamente aos signos do ar — Gêmeos, Libra e Aquário. Os três que compõem o grupo de signos da água: Câncer, Escorpião e Peixes dizem de nosso "caráter".

Por sua ligação com os elementos vitais de todos os seres, a astrologia nos revela que a posição dos astros e sua influência na natureza moldam ou governam, de forma quase determinante, as características dos seres humanos. Na verdade, muito do que somos devemos ao elemento que agrupa nosso signo, e isso é bem fácil de constatar:

Signos do fogo — Representam na vida terrena a luz, o brilho, o calor e a secura, além de dispersão, fervor, dominação, audácia, agressividade, mobilidade e tudo o que se refere ao fogo como base da vida humana.

Vinculados à história da própria espécie humana, esses signos falam da criação, buscando paralelo entre a origem na bola de fogo que era a Terra em sua origem. Por isso, se diz que Áries é um signo criador, explosivo e temperamental. Que Leão é exibicionista, realizador, quente e explosivo, e que Sagitário é libertário, natural, pouco comedido e brilhante.

Signos da terra — Resultado do esfriamento da crosta do planeta, o elemento terra nos mostra o que é concreto, palpável, petrificado. Lembra a rigidez, a constância, a laboriosidade, a prudência, a dúvida, a fecundidade, a secura e a absorção, todos conceitos ligados às características de nosso próprio planeta, um corpo estelar que se solidifica com o esfriamento e a constância de seu movimento pelo espaço.

Daí a conceituação de que os nativos dos três signos deste elemento são os mais realistas dos seres humanos. Touro é lento, comedido, parcimonioso,

LEÃO – COLEÇÃO VOCÊ E SEU SIGNO ♌ 51

constante e teimoso. Virgem é detalhista, sensível, sóbrio, escrupuloso e racional, e Capricórnio nos mostra persistência, determinação, aceitação e severidade.

Signos do ar — Fluido e etéreo, o ar nos passa sempre a impressão de elemento úmido, instável e pouco palpável, representando os aspectos mentais e intelectuais do ser humano, suas idéias, pensamentos e conceitos. Por isso, o ar, terceiro dos elementos da natureza, nos leva à euforia, ao equilíbrio, ao humor, à instabilidade, à sutileza e à adaptação.

Os atributos humanos relacionados aos sentimentos vinculam-se a essas características. Mutável por ser elemento gasoso, o ar transmite aos signos o caráter etéreo e sonhador. Assim, se diz que Gêmeos é inquieto, curioso, dúbio, agitado e mutável; que Libra é equilibrado, harmônico, conciliador e pacífico e que Aquário é sensível, inventivo, fantasista e idealista.

Signos da água — Suave, receptiva, moldável e aderente, a água, quarto dos elementos que formam a natureza terrestre, dá aos signos que agrupa os elementos próprios de sua constituição. Vital para a sobrevivência dos seres vivos, está ligada aos sonhos, fantasias, desejos, emoções, família, origens e à criação quando vista pelo ângulo sexual.

Isso explica por que Câncer lembra fecundidade, memória, inteligência sensorial e imaginação. Escorpião é a representação dos instintos, sexo, indisciplina

MAX KLIM

e violência, e Peixes nos mostra o lado místico, mediúnico, a bondade e a compaixão nos seres humanos.

Termos-chave da astrologia

A astrologia emprega algumas expressões que fazem parte do nosso vocabulário cotidiano, porém, conferindo-lhes um sentido diferente. Isso caracteriza a astrologia como estudo autônomo e torna importante o seu conhecimento para que possamos definir melhor as nossas próprias concepções sobre essa área:

Arietino — Diz do nativo de Áries. Popularmente, é empregada a denominação "ariano" para o nativo do signo, termo que, no entanto, designa a pessoa da raça ariana e não aquela que nasce entre 21 de março e 20 de abril.

Arquétipo — O conceito de arquétipo foi introduzido na astrologia pelo psicanalista Carl Gustav Jung. Para essa figura fundamental na psicanálise, "os planetas são arquétipos para a raça humana e todos nós reagimos a eles de modo semelhante, embora diferente no que diz respeito a detalhes". Diz a história que Jung só analisava seus pacientes após fazer o mapa astral de cada um deles.

Ascendente — Ascendente é a característica do signo determinada pelo planeta que, no momento do nascimento de um indivíduo, ascende ao céu na linha do horizonte. Para encontrá-lo, é essencial conhecer com exatidão a hora do nascimento, com diferença máxima de alguns minutos. O mapa astral de uma pessoa é determinado por três quadros diferentes: a *individualidade*, fixada pelo Sol no dia do nascimento; a *personalidade*, governada pela Lua na data em que a pessoa vem à vida; e o *temperamento*, que é determinado pelo signo ascendente. O ascendente é o fator pelo qual a pessoa revela o seu "ego".

Aspectos — Os aspectos são as posições de planetas nas casas de um mapa astral e, por isso, fundamentais na análise astrológica das características de uma pessoa. Eles são denominados de acordo com a figura geométrica que formam no mapa, uns em relação aos outros. O mapa tem a forma circular e é dividido em 360 graus, que representam os doze signos e as doze casas do zodíaco. Quando encontramos um planeta ou corpo celeste em um determinado lugar, analisamos sua posição em relação aos demais corpos celestes e a influência que essa posição exerce sobre um signo. A isso se chama aspecto. Os mais comuns são: **Conjunção**, quando dois ou mais astros estão no mesmo grau, sem diferença de um para o outro, praticamente juntos, daí a expressão conjunção, que simboliza a ênfase em determinada influência. **Sêxtil**, quando existe entre um astro e outro uma distância de 60 graus. Este aspecto ocorre com dois astros e simboliza uma oportunidade para o signo analisado.

Quadratura é a posição de astros formando um quadrado no mapa, com linhas em ângulos de 90 graus de distância entre um e outro. Simboliza um desafio para o nativo. **Trígono** é a formação de três planetas ou o Sol e a Lua formando um triângulo no mapa, com posições de 120 graus entre um e outro. Simboliza um fluxo de determinada força para aquele signo ou pessoa. **Oposição** é quando dois astros se colocam a 180 graus um do outro, simbolizando a percepção de determinadas forças que esses corpos governam. Existem outros aspectos que não têm tanta significação. Todos podem ser positivos ou negativos, embora alguns tenham carga maior em um ou outro sentido, dependendo do mapa geral.

Balança — Nome por vezes dado ao signo de Libra e que nos lembra o símbolo deste signo, que se aproxima de uma balança, representando o meio do céu, o equilíbrio, a contar do primeiro signo, Áries. Denomina uma das primeiras constelações identificadas pelo ser humano.

Câncer — É o quarto signo, também conhecido por Caranguejo, que traz a simbologia e a denominação da constelação que tem este nome.

Capricórnio — O décimo signo tem sua denominação ligada à constelação da Cabra ou de Capricórnio, situada no alto do céu.

Características — Representam, em astrologia, traços ou inclinações pessoais de cada um de nós. Não

LEÃO – COLEÇÃO VOCÊ E SEU SIGNO ♌ 55

pode ser confundida com caráter, que diz de moral e de formação, sugerindo uma interação da pessoa com o seu mundo. As características podem ser determinadas pela análise astrológica. Mas, elas se revelam moldadas pelo caráter, o que nos faz diferentes. Uma pessoa pode ter características iguais a outra e ambas agirem de forma distinta quando postas diante de impulsos diferenciados.

Casa — É cada uma das divisões do zodíaco, embora tenha acepções diferentes na análise astrológica. Para este estudo, vale a concepção de que o zodíaco é dividido em 12 grandes casas representando os signos que, por sua vez, se dividem em 30 graus, correspondendo aos dias.

Constelações — É o nome dado a um grupo de estrelas e tem quase o mesmo sentido tanto na astrologia quanto na astronomia. Usamos na astrologia a denominação de constelações para os agrupamentos de estrelas que foram observados pelos caldeus e sistematizados pelos gregos, especialmente por Hiparco, o descobridor do fenômeno denominado *precessão*. Hoje, a denominação "constelação" para a astrologia não tem a mesma significação que para a astronomia. Na astrologia ocidental, aceitamos a tradição de denominar um signo pelas constelações que eram observáveis na Antigüidade. Por isso, quando dizemos que um determinado planeta está em Capricórnio ou em Libra (Balança), não queremos afirmar que ele está na mesma posição no céu que os corpos que formam aquela determinada constelação como vista pelos astrônomos. Afirmamos, isto sim, que ele está na área do zodíaco ou do mapa astral que tem o nome daquele conjunto de estrelas e planetas.

Cúspide — É um fenômeno tipicamente astrológico e refere-se à pessoa que nasce em dia próximo à mudança do signo ou no próprio dia da mudança de regência solar. Como a entrada do Sol em determinado signo muda em função da posição da Terra em seus movimentos de translação e precessão, como determinar o signo de uma pessoa que, por exemplo, nasceu no dia 20 de março, num ano em que o Sol entrou em Áries nessa data? Habitualmente, o Sol entra em Áries em 21 de março, mas, acompanhando o movimento da Terra e os conceitos astronômicos, prevalece, para a determinação do signo, o exato instante em que começa a regência do Sol sobre o signo. No caso em questão, a pessoa será arietina e não pisciana.

Decanato — É a distância de dez graus de um signo. Todos os signos têm três decanatos. O primeiro é contado a partir do primeiro até o décimo grau; o segundo, do décimo primeiro ao vigésimo; e o terceiro, do vigésimo primeiro ao trigésimo grau. Diz-se em astrologia que cada decanato revela uma influência específica que deve ser considerada na análise de características. O primeiro decanato é influenciado fortemente pelo signo anterior. O segundo mostra características específicas, ditas puras, do próprio signo. O terceiro já recebe influência do signo seguin-

LEÃO – COLEÇÃO VOCÊ E SEU SIGNO ♌ 57

te. Assim, por exemplo, uma pessoa nascida no primeiro decanato de Leão, apesar de leonina, vai incorporar ao seu modo de ser alguns dos elementos do signo de Câncer que antecede o seu. Num exemplo prático desse caso, ela poderá somar um pouco de tradicionalismo canceriano à exuberância leonina.

Elementos — O conceito é dos mais antigos na história da humanidade e deu origem às primeiras manifestações de fundo religioso entre os homens. Ele nos diz do fogo, da terra, do ar e da água. Cada um desses elementos, considerados fundamentais na formação da vida, governa três signos aos quais transmitem algumas de suas características básicas e essenciais. O *fogo*, primeiro desses elementos, tem uma presença forte na história do homem e foi, para os primeiros hominídeos, o seu "deus". Ele passa aos seus signos — Áries, Leão e Sagitário — o calor, a natureza ígnea, a construção e a agressividade. A *terra* é o segundo dos elementos da natureza e governa os signos de Touro, Virgem e Capricórnio, exatamente os que falam de destino, da rigidez, da constância e da fecundidade. O *ar* é o terceiro elemento e nos revela o temperamento aéreo e sonhador, o humor e a flexibilidade que dão aos signos de Gêmeos, Libra e Aquário essas características. E, por fim, a *água*, elemento da natureza relativo ao caráter fluente, à brandura, à impressionabilidade e à aderência, que fazem de Câncer, Escorpião e Peixes os chamados signos do caráter.

Grau — É a tricentésima sexagésima parte de uma circunferência. O zodíaco é, geometricamente, uma circunferência, formada por 360 graus, cada grau revelando um dia. Assim, cada signo tem, em média, 30 graus que são percorridos pelo Sol em seus movimentos de rotação e translação.

Horóscopo — É o que diz da observação, sob a ótica do quadro planetário, da hora e da data em que uma pessoa nasceu. Hoje, é um dos mais populares tipos de entretenimento fundamentado em algumas considerações e conceitos da moderna astrologia. Alguns horóscopos trazem previsões de acordo com as características específicas do signo. Mas não se pode considerar um horóscopo com seriedade maior que a dispensada a uma distração. Não é possível, em termos astrológicos, fazer-se previsão astrológica genérica igual para todos os nativos de um mesmo signo. É o elemento mais importante na difusão da astrologia.

Latitude e Longitude — Têm a mesma concepção da astronomia. Servem para determinar geográfica e eclipticamente o local exato de nascimento de uma pessoa, base de cálculo do signo ascendente e do mapa astral.

Qualidades — Cada um dos signos apresenta uma *qualidade*, que é a manifestação para que se expresse e se movimente. Três são as qualidades dos signos: cardinal, fixa e mutável. Os signos da qualidade cardinal são Áries, Capricórnio, Câncer e Libra, dos quais se destacam os princípios de energia aplicada à ex-

LEÃO – COLEÇÃO VOCÊ E SEU SIGNO ♌ 59

pansão e à liberação, representados pela iniciativa, o novo e a ação. Os da qualidade fixa são Leão, Aquário, Touro e Escorpião e deles se diz que representam a necessidade de se conter a energia com estabilidade, concentração, paciência e persistência, representadas pela noção de segurança. E, finalmente, os da qualidade mutável são os signos de Sagitário, Virgem, Gêmeos e Peixes, aos quais se atribui a reciclagem e o reaproveitamento da energia, donde vem a noção de versatilidade, adaptação e flexibilidade, representando a mudança.

Planetas — Em astrologia, a concepção de planeta é diferente da significação astronômica do termo. Ela engloba corpos celestes, não importando se estrela, planeta ou satélite. Assim é o caso do Sol, da Lua e de Vênus, por exemplo. Uma das maiores críticas à astrologia é feita exatamente a essa concepção, que considera a Lua um planeta.

Polaridade — A polaridade refere-se aos pólos positivo e elétrico ou negativo e magnético, com que são classificados os signos. Essa classificação não acompanha a divisão exata dos signos. Dessa forma, todos os signos apresentam nativos com as duas polaridades. Para uma classificação mais simples, pode-se dividir o zodíaco em períodos de polaridade positiva ou negativa, dependendo do signo, de acordo com a seguinte tabela, que aponta os dias do ano em que determinada polaridade prevalece, independentemente do signo em que nascemos:

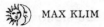 MAX KLIM

Polaridade positiva	Polaridade negativa
de 6 de março a 5 de abril	de 6 de abril a 5 de maio
de 6 de maio a 5 de junho	de 6 de junho a 5 de julho
de 6 de julho a 6 de agosto	de 7 de agosto a 6 de setembro
de 7 de setembro a 6 de outubro	de 7 de outubro a 5 de novembro
de 6 de novembro a 5 de dezembro	de 6 de dezembro a 5 de janeiro
de 6 de janeiro a 5 de fevereiro	de 6 de fevereiro a 5 de março

Com base nessa classificação, pode-se afirmar se uma pessoa se liga, na natureza, a forças positivas ou elétricas, mostrando-se ativa, expressionável e dominante ou, ao contrário, se ela é magnética ou negativa, revelando em sua maneira de ser um caráter dormente, silencioso e pensativo. Isso explica, em certo sentido, algumas diferenças encontradas na análise do temperamento, que é diferente entre pessoas do mesmo signo.

Regência — A referência ao termo diz da regência planetária que foi organizada por Ptolomeu, o astrônomo e astrólogo grego que sistematizou a astrologia ocidental. Ptolomeu deu a cada signo um *regente*, planeta que podia ser observado à sua época. A regência criada por Ptolomeu permaneceu inalterada até a descoberta de Urano por William Herschel, em 1781. Daí por diante, este planeta substituiu Saturno na regência de Aquário. O mesmo aconteceu quando da descoberta de Netuno em 1846 pelo astrônomo alemão Galle, que seguiu os cálculos do matemático francês Le Verrier. Netuno passou a reger Peixes no lugar de Júpiter. Isso deu origem ao sistema de co-

LEÃO – COLEÇÃO VOCÊ E SEU SIGNO ♌ 61

regência em diversos signos. Há críticas a esse sistema que alguns consideram meramente indicativo e citam, como exemplo, a incongruência da regência de Saturno em Capricórnio. Saturno foi considerado durante muito tempo o "grande maléfico" do zodíaco e o planeta da morte, o que não se coaduna com Capricórnio, o signo da honra e da fama.

Signos — Nome dado às divisões do zodíaco, cada uma delas compreendendo 30 graus. Os signos começam com Áries, cuja data inicial coincide com a entrada do Sol no outono do hemisfério sul e da primavera no hemisfério norte. O início da regência de um signo é mutável pela impossibilidade de coincidência do ano solar civil com a divisão astrológica do zodíaco em 360 graus. São as seguintes as datas-padrão de vigência de um signo:

Áries — 21 de março a 20 de abril

Touro — 21 de abril a 20 de maio

Gêmeos — 21 de maio a 20 de junho

Câncer — 21 de junho a 20 de julho

Leão — 21 de julho a 22 de agosto

Virgem — 23 de agosto a 22 de setembro

Libra — 23 de setembro a 22 de outubro

Escorpião — 23 de outubro a 21 de novembro

Sagitário — 22 de novembro a 21 de dezembro

Capricórnio — 22 de dezembro a 20 de janeiro

Aquário — 21 de janeiro a 19 de fevereiro

Peixes — 20 de fevereiro a 20 de março

MAX KLIM

Essas datas mostram variação de ano a ano. Para os astrólogos que adotam um calendário mais ou menos fixo, elas também variam.

Símbolos — Cada signo guarda uma simbologia, e os astrólogos usam interpretações pessoais para essa representação prática. A mais popular, no entanto, é a que classifica os signos da seguinte forma:

Áries — Mudança, criação, impetuosidade
Touro — Segurança, realismo, integração
Gêmeos — Inquietude, habilidade, dualidade
Câncer — Fecundidade, memória, intuição
Leão — Ambição, força, teatralidade
Virgem — Assimilação, sensibilidade, observação
Libra — Equilíbrio, conciliação, absorção
Escorpião — Instinto, extremismo, perspicácia
Sagitário — Aventura, independência, crítica
Capricórnio — Perseverança, discriminação, severidade
Aquário — Fantasia, lealdade, antecipação
Peixes — Mediunidade, compaixão, sacrifício

Trânsito — É o movimento de um planeta sobre as casas do zodíaco, passando de um signo a outro em movimento direto ou retrógrado entre Áries e Peixes. Conhecido também por *passagem*, o trânsito é calculado por meio de uma tábua planetária de posição dos astros. Por ele se formam os aspectos.

LEÃO – COLEÇÃO VOCÊ E SEU SIGNO ♌ 63

Zodíaco — Na definição mais comumente aceita são as 12 divisões do céu, estabelecidas ao longo da eclíptica, onde o zodíaco alcança 8 graus acima e 8 graus abaixo. A palavra vem do grego e significa "a roda dos animais" por representar os animais que denominam as 12 constelações pelas quais o Sol passa em seu movimento anual em torno de seu próprio eixo. O Sol leva cerca de trinta dias em cada uma dessas constelações. Há autores, no entanto, que vinculam a denominação à sistematização da astrologia feita pelos caldeus.

A natureza e a astrologia

Um dos mais impressionantes vínculos entre a astrologia e a vida surge da comparação entre o ciclo evolutivo de um ser vivo com o zodíaco e os signos. Dizem os estudiosos dessa teoria que cada signo guarda em si um elemento fundamental que representa um estágio da natureza. Daí o paralelo entre o ciclo vital de uma planta, por exemplo, e as casas do zodíaco. Por esses estudos que explicitam bem as características do ser humano, pode-se dizer o seguinte:

Áries ♈ O primeiro dos signos está vinculado ao momento do nascimento, da explosão da semente que começa seu ciclo de vida. É a força criadora que nasce com o ser.

Touro ♉ Este signo mostra o instante em que o ser toma contato com a terra e se situa fora do casulo, útero ou invólucro-matriz.

MAX KLIM

Gêmeos ♊ É representado pelo instante em que, deixando a terra, o braço materno, e assomando à superfície, o ser não sabe o que é e a que veio, buscando definições.

Câncer ♋ Indeciso, o ser se volta a suas origens em busca de respostas e se prende à matriz que o gerou, valorizando aquilo que é a sua história.

Leão ♌ Seguro de sua existência no mundo, o ser busca mostrar-se, aparecer, fazer-se notado e se acredita dono de tudo a seu redor.

Virgem ♍ Neste momento da evolução, o ser que até então vivia intuitivamente passa a notar detalhes e cuidar-se, buscando aparência e critérios.

Libra ♎ Atingindo, neste signo, o ponto máximo do crescimento, o ser se equilibra em relação aos que o cercam e molda a aceitação da decadência daí por diante.

Escorpião ♏ Neste estágio, o ser busca a continuidade e faz do sexo e da emoção os seus mais importantes dons. Nas plantas, é o pólen que fecunda.

Sagitário ♐ Experimentado, o ser busca a liberdade à sua volta e tece a interpretação de seu mundo relacionando-se a ele.

Capricórnio ♑ A vida leva o ser neste instante à persistência, ao trabalho e à determinação. Sábio, ele usará de sua experiência em busca da sobrevivência.

Aquário ♒ Como a velha sequóia, o ser vê próximo o fim e se dá conta de que há um futuro e sobre ele devaneia, sonha e projeta-se para o amanhã.

Peixes ♓ É o instante em que a morte se aproxima e o ser se faz semente de novo, buscando a preparação para o renascimento.

Essa vinculação de características de um signo com a natureza explica muito do temperamento encontrado nas pessoas que nascem sob um mesmo signo. Em razão disso, podemos afirmar que todo arietino é criador; o taurino é realista e tem os pés no chão; o geminiano é curioso e dúbio; todo canceriano é romântico e apegado à origem; o leonino é exibicionista e dominador; o virgiano é detalhista; o libriano é justo e equilibrado; o escorpiano é violento, vingativo e sensual; o sagitariano é ansioso pela liberdade e crítico; o capricorniano é diligente e persistente; o aquariano é incompreendido e avançado em seu tempo; e o pisciano é espiritualista, bondoso e voltado para o psiquismo.

De forma bastante curiosa, nota-se, em relação a cada um dos signos, a existência desse tipo de característica ligada à natureza. Essa observação, feita pela análise de personalidades de dezenas de nativos de cada um dos signos, foi comprovada em estudos recentes de astrólogos que vêm se filiando a essa nova corrente da astrologia ocidental.

A influência da Lua

Dispondo o analista dos elementos da característica astrológica para uma pessoa em dois signos — o solar e o ascendente — deve combiná-los com os do **signo lunar**, levando em conta a regência da Lua em cada um dos signos, que pode ser assim resumida:

Áries — Lembra e favorece as atividades ligadas às armas e à guerra, representando, com isso, a ação dos militares. Na vida comum, refere-se ao trabalho com o ferro e o fogo, à cirurgia e aos empreendimentos e a tudo o que demande esforço. Lembra a forja e o ferro derretido.

Touro — A influência lunar em Touro se liga a atividades de controle e de finanças, aos assuntos relacionados ao comércio, especialmente o de jóias, às diversões, à moda e às artes. Lembra sempre a construção.

Gêmeos — Neste caso, a Lua influencia tudo o que se relaciona às viagens, à propaganda e ao jornalismo em todas as suas formas. Diz de mudanças e dos negócios com imóveis. Fala-nos sempre do que é escrito.

Câncer — A Lua no seu próprio signo nos remete a uma influência direta sobre o líquido, o movimento pela água, os processos, a atuação financeira do homem em empréstimos e a psicometria. Representa a fluidez.

LEÃO – COLEÇÃO VOCÊ E SEU SIGNO ♌ 67

Leão — A Lua em Leão nos revela influência sobre as empresas e empreendimentos que nos são úteis, governando também as especulações. Neste aspecto, estão presentes as amizades e festas. Lembra a vida social.

Virgem — A influência da Lua, quando neste signo, se dá sobre os negócios com dinheiro, quando envolvem bancos, e também sobre o comércio, os imóveis e as ciências. Ela nos fala sempre da instrução.

Libra — Quando em Libra, a Lua revela influência sobre todos os nossos compromissos e controla o trato com jóias, a publicidade, os assuntos religiosos, as artes e as viagens por terra e à longa distância. Ela mostra responsabilidade.

Escorpião — Na sua passagem por Escorpião, a Lua rege a persistência e a determinação do ser humano, revelando a sua coragem e dirigindo os assuntos ligados à química. Lembra a fusão dos elementos.

Sagitário — A regência lunar neste signo mostra uma influência determinante sobre conceitos de honestidade e de prudência. As matérias jurídicas, as finanças e os estudos também sofrem sua influência.

Capricórnio — Quando transita por Capricórnio, a Lua governa o nosso conceito de propriedade, atuando sobre os frutos da terra, a política e os orçamentos econômicos, falando-nos da maneira de ter para o amanhã.

Aquário — Em Aquário, a Lua dirige a agricultura, a construção quando vista pelo ângulo do engenho humano, a eletricidade, as invenções e as experiências, setores que lembram avanço e descoberta.

Peixes — No último signo, a influência lunar se faz presente sobre todos os contratos já iniciados e não concluídos e sobre as viagens e as mudanças de vida. A Lua nos fala, neste caso, da filantropia em todas as suas formas.

Os elementos

Conhecendo-se dessa forma as diferentes influências que se fazem sobre cada signo e a maioria dos elementos comuns da astrologia ocidental, é possível combinarem-se traços de comportamento, temperamento e personalidade, que vão dar um perfil o mais aproximado possível da realidade, da personalidade e da maneira de ser de cada um de nós.

Para isso, devemos sempre interpretar esses dados combinando-os com outros já detalhados, mas levando em conta um dado fundamental na nossa formação como seres pensantes e dotados de inteligência: os elementos básicos da vida.

Baseados nas quatro formas da energia e nas suas mais simples manifestações, esses elementos basicamente refletem tudo o que conhecemos e sabemos sobre nossa presença no planeta Terra. Antes de qualquer interpretação sobre uma pessoa, é importante se determinar o seu elemento, pois ela vai refletir, em sua maneira de ser, um deles, da seguinte forma:

Signos do fogo (Áries, Leão e Sagitário) — Os nativos de qualquer um desses três signos vão revelar um temperamento que nos lembra sempre a chama, o fogo ardendo, a explosão de luzes e de calor numa fogueira. Há que se destacar o fato de que a própria Terra, o nosso planeta, surgiu de matéria ígnea, uma verdadeira bola de fogo que esfriou com o passar das eras. Daí reafirmarmos que este é o elemento-chave nos nativos que vivem pela conquista e pela criação, em reflexo de tudo o que os simboliza na natureza, o fogo inicial da vida.

Signos da terra (Touro, Virgem e Capricórnio) — As características dos nativos destes signos, governados pelo elemento terra, mostram a estabilidade e a permanência típicos do solo do planeta em que vivemos. Seu temperamento, por isso, é mais estável e seguro, concreto e palpável como tudo o que compõe, na natureza, a superfície, o chão que pisamos. Nisso há muito de estabilidade e segurança, que são pontos a se destacar na forma de ser, pensar e agir de taurinos, virgianos e capricornianos.

Signos do ar (Gêmeos, Libra e Aquário) — Para os nativos destes três signos, há que se lembrar sempre o etéreo e impalpável ar que nos cerca e nos é essencial à vida. Este elemento revela o caráter também não material do pensamento, a maior força criadora de que dispõe o ser humano. Nossa imaginação, nossos sonhos e aspirações e as idéias que nos conduzem têm o mesmo traço impalpável do elemento que governa o signo. Por isso se ligam à valorização do espírito e da mente e ao desapego à matéria.

Signos da água (Câncer, Escorpião e Peixes) — Para os nativos dos signos da água vale o conceito de que este elemento, por sua própria característica, é essencial à formação da vida, preso ao sentido de existência, de berço e lar. Isso faz com que sejam cancerianos, escorpianos e piscianos os que mais se relacionam com seu próprio ambiente, vivendo-o com intensidade e expressando, nas emoções e na maneira de sentir ou se moldar, o mundo em que vivem. Daí o sentido de adaptação ao ambiente que os destaca na sua forma de agir.

Os decanatos

Um outro fator que contribui, em proporção tanto maior quanto mais próxima for da mudança de signo, é a chamada "teoria dos decanatos", segundo a qual os nativos do primeiro decanato, isto é, aqueles que nascem entre o primeiro e o décimo dia de um signo, sofrem influência do signo anterior àquele em que se encontrava o Sol no nascimento da pessoa. Os que nascem no segundo decanato, do décimo primeiro ao

LEÃO – COLEÇÃO VOCÊ E SEU SIGNO ♌ 71

vigésimo dia do signo, são os que apresentam maior pureza nas características de seu signo e os nativos do terceiro e último decanato, isto é, no período do vigésimo primeiro ao trigésimo ou trigésimo primeiro dia do signo, sofrem influência do signo posterior, podendo ser classificados da seguinte forma, de acordo com cada um dos decanatos:

1º decanato	2º decanato	3º decanato
Áries-Peixes	Áries-puro	Áries-Touro
Touro-Áries	Touro-puro	Touro-Gêmeos
Gêmeos-Touro	Gêmeos-puro	Gêmeos-Câncer
Câncer-Gêmeos	Câncer-puro	Câncer-Leão
Leão-Câncer	Leão-puro	Leão-Virgem
Virgem-Leão	Virgem-puro	Virgem-Libra
Libra-Virgem	Libra-puro	Libra-Escorpião
Escorpião-Libra	Escorpião-puro	Escorpião-Sagitário
Sagitário-Escorpião	Sagitário-puro	Sagitário-Capricórnio
Capricórnio-Sagitário	Capricórnio-puro	Capricórnio-Aquário
Aquário-Capricórnio	Aquário-puro	Aquário-Peixes
Peixes-Aquário	Peixes-puro	Peixes-Áries

A combinação de decanatos com os demais elementos da análise de características nos dá mais um dado a somar nesse estudo de nossa personalidade. Em linhas gerais, essa combinação de decanatos que figura em cada um dos signos nos revela um importante elemento na análise do que somos.

O que significam os planetas

Sol ☼ Detém o princípio da vida e representa calor, luz e irradiação. Na astrologia, é associado à juventude, ao poder e à virilidade. O coração e o cérebro o retratam, e ele nos diz de vocação, generosidade, heroísmo, da ética e da irradiação de todos esses elementos.

Lua ☽ O nosso satélite governa o princípio matriarcal da fecundidade e exprime as artes, a imaginação e o romantismo. Sua ligação em nossas vidas nos fala da mãe, da irmã e da filha, figuras sintetizadas em sua imagem. Lembra primitivismo, poesia, lirismo, casa e vida doméstica.

Marte ♂ É o planeta da guerra, da luta, da conquista e do domínio. Sua simbologia nos fala de violência, polêmica, militarismo e emboscada. A paixão é o sentimento que nele encontra maior ressonância. É o planeta do começo da idade madura e os desejos humanos são controlados por ele.

Vênus ♀ O planeta que fala da beleza nos lembra a mulher, a juventude, o amor e a ternura. É o governante, na astrologia, dos princípios de fusão e atração, atuando sobre os artistas, o sexo, a dança, o canto, a sensibilidade e a estética. Nele estão presentes o luxo, a paz e a beleza.

Mercúrio ☿ O planeta do viajante governa o movimento, fala da adolescência, da natureza flexí-

LEÃO – COLEÇÃO VOCÊ E SEU SIGNO ♌ 73

vel no ser humano e nos lembra o jornalismo, o comércio, a literatura, o desenho e as viagens. No nosso organismo, atua principalmente sobre o sistema nervoso, além de controlar a respiração.

Júpiter ♃ É o planeta que governa o princípio da expansão, a coordenação e a ordem. Sob sua influência, se revelam a autoridade e a natureza jovial e extrovertida nos seres humanos. Ele nos diz do bem-estar, da obesidade, da justiça e do senso de humor.

Saturno ♄ O velho "grande maléfico", ao contrário de Júpiter, governa a sabedoria dos mais vividos e idosos, a prudência e a tradição. Fala-nos da avidez e de ciúme, além dos princípios de concentração, abstração e inércia. É o planeta do conservadorismo, do trabalho e da renúncia.

Urano ♅ Para nós, humanos, dirige o princípio do fogo universal, a tensão e a ereção, destacando-se, por isso, como o planeta da conduta, da inteligência, do progresso e da rebeldia. Ele nos fala também de técnica, da aspiração do absoluto, do caráter dos seres e da ação.

Plutão ♇ No que se refere a este planeta, a transformação, a transmutação e a destruição são os elementos mais presentes. Ele governa a morte e a mediunidade, a mente analítica e a sexualidade, as grandes disputas e a espionagem. No seu campo, se colocam também o escuro e o invisível.

Netuno ♆ É o planeta que guarda em si o princípio primordial da existência, a água. Por isso, governa a inteligência sensitiva, as manifestações primárias do instinto. Liga-se à integração universal, à sensibilidade, ao anarquismo e à esquizofrenia. É o símbolo do coletivismo.

O dia da semana

Outro elemento com que podemos trabalhar para a determinação das características astrológicas que fazem nossa personalidade é o dia da semana em que nascemos. Isso pode ser descoberto em calendários perpétuos de agendas comuns ou nas tabelas de publicações especializadas. Estas são as características encontradas para a pessoa, de acordo com o dia da semana de seu nascimento:

Domingo — Dia regido pelo Sol, mostra para os seus nativos um forte sentido de alegria com a vida. Materialmente, obtêm lucro em qualquer atividade. Têm uma vida longa e agem com otimismo e determinação na busca do sucesso.

Segunda-feira — É o dia da Lua na regência astrológica. Seus nativos são generosos e afáveis, possuem raro tirocínio para negócios e só não obtêm êxito devido à sua excessiva boa-fé. São, com freqüência, pessoas muito amáveis.

LEÃO – COLEÇÃO VOCÊ E SEU SIGNO ♌ 75

Terça-feira — O dia de Marte e de Plutão mostra para os seus nativos um temperamento forte e colérico, que faz com que a pessoa chegue fácil à violência, expondo-se, por isso, a acidentes. São dominadores e têm magnetismo pessoal.

Quarta-feira — É o dia da semana dedicado a Mercúrio. Os nascidos neste dia são pessoas calmas, sociáveis, estudiosas e inclinadas às artes e ciências. Estão sujeitas a contrariedades financeiras e sentimentais ao longo de suas vidas.

Quinta-feira — Dia de Júpiter. Há uma clara indicação de que os seus nativos são humanitaristas e muito alegres, sempre prontos a ajudar os que carecem de apoio e proteção. O seu êxito, habitualmente, vem da ajuda de amigos e pessoas próximas.

Sexta-feira — Este é o dia de Vênus, planeta da beleza. Os nascidos neste dia têm forte magnetismo, encontram caminho fácil para o sucesso e conquistam, não raro, verdadeiras fortunas. Mostram, pela influência de seu regente, forte inclinação para as artes.

Sábado — O dia de Saturno dá aos seus nativos elementos de melancolia e meditação, revelando também uma forte tendência ao retraimento. Seu progresso é lento, embora sejam muito inteligentes e capazes de assimilar tudo com facilidade.

Os ciclos e eras astrológicos

Um tema que tem empolgado tanto os estudiosos e pesquisadores de astrologia, como as pessoas comuns em todo o mundo, é o fim da Era de Peixes e as mudanças decorrentes deste término com a passagem para a Era de Aquário. Poucos, porém, sabem, com exatidão, o que tal evento significa.

Da mesma forma que os movimentos de rotação do planeta Terra nos dão a noção de dias, horas, minutos e segundos e os movimentos de translação determinam os anos, décadas, séculos e milênios, existe também um movimento do Sistema Solar que, por ser de grande amplitude e extremamente longo, demorado, é quase imperceptível. Esse período, o assim chamado Grande Ano Sideral, perfaz um ciclo astrológico que, completo, dura cerca de 26 mil anos.

Na astrologia, esse ciclo é detalhado da mesma forma que o horóscopo comum, ou seja, é dividido em 12 casas, que correspondem aos 12 signos do zodíaco. Sua movimentação, porém, se faz na ordem inversa do percurso anual dos signos, indo de Peixes até Áries, no sentido dos ponteiros do relógio. Cada uma dessas divisões é denominada *era* e sua duração é de, aproximadamente, 2.160 anos. Quando uma nova era se inicia, temos uma mudança de regência no Sistema Solar.

Como é difícil identificar o ponto exato onde termina o período de regência de um signo e começa o seguinte, a data precisa da transição de uma era para outra tem sido quase impossível de ser determinada. Por esse motivo é que, atualmente, se observa como os astrólogos têm divergido acerca de quando realmente se iniciaria a Era de Aquário.

Esses grandes ciclos também exercem efeitos sobre a vida humana, porém, de forma muito mais abrangente. Estando cada era sob a regência de um determinado signo, a influência desse signo vai marcar, durante 2.160 anos, os acontecimentos, as descobertas, o desenvolvimento de idéias, os comportamentos, os valores, o relacionamento entre culturas, religiões, etc.

Devido à sua longa duração e à sua enorme amplitude, as eras interferem não somente na vida de cada pessoa, individualmente considerada, mas, principalmente, na evolução da espécie humana, em seu desenvolvimento intelectual e espiritual e na história das civilizações.

Os fatos registrados pelos arqueólogos, antropólogos e historiadores são a melhor comprovação da existência e das conseqüências desses ciclos.

As duas eras mais recentes são claramente identificadas por relatos escritos e orais dos povos que as vivenciaram: a Era de Touro, entre os anos 4511 a.C. e 2351 a.C., e a Era de Áries, que se encerrou com a chegada de um período de forte religiosidade, pouco antes do advento do Cristianismo.

Com a Era de Áries, entre 2351 e 191 a.C., a humanidade encerrava mais um Grande Ciclo Astrológico de 26 mil anos, quando o ser humano deixou para trás sua pré-história e desenvolveu o que se conhece como "civilização" em um sentido mais moderno.

Esse ciclo de aproximadamente 26 mil anos representou, portanto, o domínio do mundo físico e do corpo. A partir daí, preparou-se outro momento da evolução, que apontou para uma valorização do espírito sobre a matéria e, conseqüentemente, da mente sobre o corpo. Esse novo Grande Ciclo Astrológico se iniciou há pouco mais de dois mil anos e foi marcado pela entrada da humanidade na Era de Peixes.

Era de Touro
Aproximadamente de 4500 a.C. a 2350 a.C.

Com poucos registros escritos, conhecida principalmente por meio da transmissão oral, a primeira dessas eras astrológicas historicamente identificada, a Era de Touro, coincide com o surgimento de algumas das maiores civilizações da Antigüidade, a minóica, ou cretense, e a egípcia. Em Creta, surgiram lendas e mitos em torno de uma figura lendária, o rei Minos e o Minotauro. No Egito, às margens do fértil Nilo, com os faraós surgiram exemplos dos maiores avanços obtidos pelo ser humano até à época nos mais diferentes campos de atividade.

Em ambas as civilizações, da mesma forma como ocorria pelo mundo afora, uma figura assumia papel preponderante nos cultos, na economia, e na simbologia de seu próprio desenvolvimento: o *touro*, o mais sagrado e festejado dos animais, símbolo de profundas mudanças na vida do homem, que então se tornava sedentário, agricultor e pastor.

O homem estabelecia-se nos grandes vales, junto aos rios caudalosos da Europa, Oriente Médio e Ásia. A princípio, em sociedades com caráter nômade, cuja principal atividade era o pastoreio. Muitas ocorrências desse período estão narradas na Bíblia, no Antigo Testamento, na história de um povo semita, os hebreus, com suas 12 tribos.

Ao mesmo tempo, no Egito, surge a civilização dos faraós construtores de pirâmides, onde o deus Ápis — o touro sagrado — ocupa lugar de destaque entre os deuses da civilização das pirâmides. Também é dessa época o florescimento das grandes civilizações da Mesopotâmia.

Na ilha de Creta, adora-se o Minotauro (ser mitológico, com corpo de homem e cabeça de touro) e, da mesma forma, o touro constitui-se no principal elemento de culto. Igualmente, na Índia, o boi assume um caráter sagrado e se torna símbolo de veneração pública.

Por todo o mundo conhecido, firma-se o caráter civilizatório. O homem, agrupado agora em tribos de pastores que constantemente se deslocam em busca de melhores pastagens, cria os embriões das primeiras cidades, surgidas em torno de entrepostos, aguadas e oásis, todos vinculados à existência de pastagens e aguada para o gado.

Foi uma era de tranqüilidade em que predominaram como principais características a "paciência bovina", o espírito conservador, a confiança do ser humano em seu semelhante, o sentido da posse e o materialismo, todas elas típicas do signo de Touro.

Era de Áries
Aproximadamente de 2350 a.C. a 200 a.C.

Por volta do ano 2351 a.C. ocorre outra mudança, com o ingresso na chamada Era de Áries, dominada por Marte. Na história da civilização, caracteriza-se pelo surgimento de sociedades guerreiras, já então sedentárias, donas de terras e que fizeram das armas, da ciência, da guerra e da luta física o seu objetivo.

Dominado o pastoreio e estabelecidos os primeiros elementos de riqueza individual com o aparecimento dos conceitos de "propriedade" e de "território", o ser humano se mostra apto a ingressar em uma nova fase de sua evolução. A espécie já se espalhara o bastante para que pudesse se iniciar um novo ciclo, agora regido por Ares, o deus da guerra.

O domínio das sociedades militarizadas, que se contrapõem ao modo de vida quase rural e tranqüilo da era anterior, revela claramente as influências astrológicas dos seus respectivos regentes. Se Touro, regente do ciclo anterior, sugeria uma sociedade pastoril, tranqüila e voltada para a consolidação da convivência no campo, Áries, regida que é por Ares ou Marte, o deus da guerra, ao contrário, inclinava toda a civilização para a expansão e a conquista pelo uso de armas, uma típica alusão à forma de agir arietina, marciana.

Todas as sociedades de então refletem o caráter desse período quando são agrupadas em torno de habitações fortificadas e tendo como governantes os melhores entre os seus guerreiros. O homem desenvolve o sentido da luta pela vida, revelando um caráter independente, criador, com um dinamismo que o diferencia de seus antepassados.

É nessa época que se descobre a posse permanente da terra, fazendo surgir o conceito ainda tribal de território e propriedade, resultado de um processo econômico incipiente ligado à agricultura sedentária. Com isso, o soldado passa a ser valorizado e substitui, em importância, o rei pastor de outrora.

Esse novo período coincide, no Egito, com o fim do Antigo Império e a invasão do país pelos hicsos, povo indo-europeu que se esmerou nas técnicas de guerra e que, utilizando o cavalo e o carro de combate, conseguiu dominar quase todo o território que hoje se conhece como Oriente Médio.

Na Grécia, as cidades-estado ganham importância e, entre elas, Esparta, que se torna o exemplo máximo do domínio da espada sobre o arado com o culto à espada, atingindo seu ponto culminante no treinamento dos jovens e de crianças, a partir dos sete anos, nas artes do combate e da guerra.

Em Roma, consolida-se uma civilização de conquista e domínio que deixou marcas profundas em todo o mundo. São dessa fase personagens e fatos famosos, do porte de Alexandre Magno, o imperador Dario, a maratona grega, a Guerra do Peloponeso, as Olimpíadas, os cônsules e as centúrias romanas.

Seguindo os desígnios de sua própria evolução, o ser humano cumpre, nessa Era de Áries, a tarefa de afirmação da espécie sobre o planeta Terra, encerrando também outro ciclo astrológico, um Grande Ano Sideral iniciado 26 mil anos antes, quando os primeiros dos *Homo-sapiens-sapiens* se acomodou numa caverna, ao lado de remanescentes e dos vestígios de seu antecessor, o Neanderthal, e dali começou seu processo evolutivo.

Era de Peixes
Aproximadamente de 200 a.C. até 1969.

Nessa fase, tão bem conhecida de todos nós, o homem entra em um novo processo de evolução que vai lhe proporcionar o desenvolvimento do espírito e da mente, elementos que irão se sobrepor à valorização do corpo físico e ao materialismo das eras anteriores. Nessa etapa, a humanidade efetua suas conquistas exercitando o raciocínio. É a era do predomínio do psiquismo e da religiosidade.

Aproximadamente quinhentos anos após a fundação de Roma, nos séculos que antecedem o nascimento de Cristo, surgem os primeiros sinais da mudança para o que hoje se convencionou chamar de "civilização ocidental", ou seja, o resultado da união das culturas egípcia, grega e romana, uma fusão típica de início de nova era.

O declínio do Império Romano coincide com o aparecimento, no Oriente Médio e na Ásia, de novas correntes religiosas, que pregavam princípios de caridade, benemerência, tolerância e predomínio do espírito, em contraposição à outra, bem diversa, na qual prevaleciam as figuras vingativas e iradas dos deuses arietinos, espelhados em Marte.

Foi nesse período, imediatamente anterior à Era de Peixes, que surgiram os grandes nomes das mais importantes religiões em todo o mundo, anunciando e preparando a mudança: Buda, Zoroastro, Lao-tsé e Confúcio.

O ser humano muda e passa a agir de forma mais voltada a si mesmo e ao seu interior. A religiosidade cresce e, com o passar dos séculos, a religião ganha força, muitas vezes assumindo o Estado.

O Hinduísmo, o Xintoísmo e o Budismo predominam na Ásia e determinam, por seus preceitos e valores, todo um estilo de vida. No Ocidente, os hebreus consolidam seus conceitos religiosos e influenciam o aparecimento do Cristianismo que, séculos mais tarde, vai validar reis e imperadores, dispondo sobre tronos e sucessões.

Mais tarde, no Oriente Médio, o Islamismo floresce e propicia o surgimento de diversas nações que justificam sua existência pelos princípios dessa nova revelação religiosa.

84 MAX KLIM

Dentre todas essas religiões, ao lado das crenças orientais do Hinduísmo e do Xintoísmo, foi o Cristianismo que demarcou, de forma mais intensa e evidente, a mudança de eras e o início de um novo grande ciclo na vida humana. O cristão tem no peixe o seu grande símbolo, representando a consolidação da influência exercida nesse período por esta figura mística e psíquica do Cristo e de sua pregação.

Exercitando as características típicas da Era de Peixes, o homem apresenta-se intuitivo, artístico e emotivo, ao mesmo tempo em que também se mostra pessimista, místico e sem o pragmatismo natural aos outros signos, regentes de eras anteriores.

É essa inteligência pisciana — dedutiva, curiosa, pesquisadora e valorizada pelas conquistas intelectuais — e o seu desenvolvimento que constituem os fatores dominantes dessa etapa da evolução humana.

Profundamente ligado ao signo regente e a seu elemento dominante, o mar assume a condição simbólica de fronteira, cujo desbravamento torna-se o desafio maior. Movido pelas determinações de Peixes, o ser humano se espalha pela Terra, cria cidades, inventa instrumentos, controla doenças.

A consolidação desse processo é notado, de forma mais evidente, a partir do décimo nono século da Era Cristã, quando todo o conhecimento absorvido ao longo de mais de dois mil anos consolida o avanço científico que permite o domínio da mente, dos atos humanos e até mesmo das forças da natureza.

É dessa época o domínio da energia, tanto a elé-

LEÃO – COLEÇÃO VOCÊ E SEU SIGNO ♌ 85

trica e a solar quanto a atômica, que se somam a avanços inimaginados na medicina, na física, na química, nas comunicações, nos costumes e na política.

Atualmente, com este início de milênio, apresentam-se os sinais de uma nova era, demonstrados, de forma bem nítida, pelos primeiros movimentos em direção à conquista do espaço, a valorização da ecologia, o aumento da expectativa de vida, o domínio de tecnologia mais avançada e pelo repúdio a guerras e confrontos.

São estes, por sua característica, os sinais mais evidentes da entrada e da vida na Era de Aquário.

Era de Aquário
De 1969 em diante.

Como acontece nas análises astrológicas comuns, que tratam de intervalos de meses e anos, o início e o fim de uma era também não são facilmente delimitados em nossa contagem de tempo usual. Apesar disso, agora possuímos, com exatidão, a indicação clara do término da Era de Peixes e a chegada desta nova fase, regida por Aquário.

São bem evidentes os sinais indicativos dessa transição, da mesma maneira que há cerca de 2.200 anos houve o afloramento da religiosidade do ser humano quando se observou o aparecimento de figuras dominantes e criadoras em todas as religiões.

Cumprindo, em seu modo de ser e de agir, os primeiros vislumbres dessa mudança fundamental, o ser humano olha a natureza não mais como predador e destruidor, mas em busca de maior integração. Observa as estrelas não mais para guiar seus passos na Terra, mas ensaiando viajar pela galáxia. Desembarca na Lua e descobre que os planetas do Sistema Solar não são estrelas distantes.

Passam a freqüentar o cotidiano do indivíduo comum notícias sobre naves-robôs, que investigam a superfície dos corpos celestes distantes e antes apenas razão de mitos e lendas.

O pensamento, a reflexão e a espiritualidade mostram domínio maior sobre o caráter instintivo herdado das eras passadas. Começam a comandar nossas ações os elementos aquarianos de lógica científica, de pesquisa visionária, de independência da espécie e de rebeldia diante das amarras do corpo físico.

O caráter belicoso, presente na humanidade a partir da Era de Áries, entra em processo de dissipação, e a herança deixada pela preponderância da inteligência sobre a força bruta, desenvolvida durante a Era de Peixes, fornece as condições de enfrentar os desafios desse novo ciclo, a Era de Aquário.

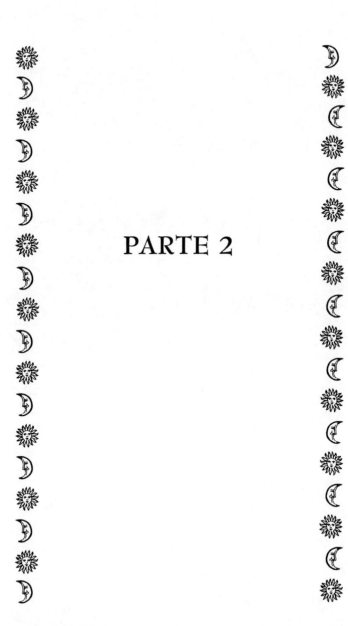

PARTE 2

PARTE 2

Capítulo 3

Leão

...Criou Deus pois o homem à sua imagem, à imagem de Deus o criou; homem e mulher os criou. E Deus os abençoou e lhes disse: "Sede fecundos, multiplicai-vos, enchei a terra e sujeitai-a, dominai sobre os peixes do mar, sobre as aves dos céus e sobre todo animal que rasteja pela terra..."

Gn 1:27-28

Capítulo 3

Leão

Criou-o Deus por um homem à sua imagem, à imagem de Deus o criou; homem e mulher os criou [...] Deus os abençoou e lhes disse: "Sede fecundos e multiplicai-vos, enchei a terra e submetei-a; dominai sobre os peixes do mar, sobre as aves do céu e sobre todo animal que se arrasta pela terra..."

Gn 1, 27. 28

Abertura

A aplicação dos princípios estabelecidos pelo chefe resultava em um trabalho constante, insano mesmo. Tudo começava ali no fundo daquele salão enorme, onde as primeiras chapas de aço eram moldadas e dispostas em ordem para começar sua caminhada pela linha de montagem. Muita gente considerava o patrão um verdadeiro "louco" por pretender fazer do que era uma tradicional oficina de montagem artesanal e manual de carros uma coisa contínua, onde cada um tinha uma tarefa só e as peças iam "andando" numa esteira, em caminhada que não parava, sem interrupção, pelo dia inteiro.

No final da esteira, um homem parou e coçou a cabeça intrigado com a aplicação da tinta sobre a carroceria dos automóveis que saíam todos negros, reluzentes na etapa final do processo de fabricação. Vindo de outra fábrica, concorrente, o homem era considerado um capataz de primeira ordem para a indústria. Suas sugestões sempre foram acatadas prontamente como forma de se ganhar em eficiência e em qualidade.

Depois de muito pensar, ele se decidiu por subir os

degraus da pequena escada que levava aos escritórios do chefe. Levava sugestão pronta na ponta da língua. Para ele, a única cor dos automóveis naquela fábrica era o ponto fraco de toda a indústria que começava a ganhar importância com seus carros vendidos a baixo preço e ao alcance cada vez maior da população. Para o mestre de produção, capataz de linha, o ideal era alcançar um número ainda maior de compradores. A cor única era um entrave. E não seria difícil adaptar-se a unidade de pintura, para que dali saíssem reluzentes automóveis verdes, azuis e até vermelhos, todos ao gosto de uma clientela que poderia ser aumentada.

Em seu rosto estampava-se o sorriso do vencedor que leva ao patrão a idéia brilhante. Ao chegar à sala da direção da fábrica, num escritório simples e despojado, diante do dono, o agitado Henry Ford, desfiou seus argumentos que foram ouvidos em silêncio quase respeitoso. Ford, por fim, olhando nos olhos de seu funcionário, disse ao homem que concordava com a pintura de seus modelos "T" de qualquer cor, desde que "essa cor seja o preto". Era o espírito leonino do empreendedor vitorioso que impunha, pela sua autoridade, aquilo que considerava a verdade absoluta.

Eu faço...

O signo de Leão representa no zodíaco o período da gestação humana, nove meses contados de Sagitário, o signo da religião ou da descoberta do ser. Na natureza, seu simbolismo se liga à descoberta do "eu", à expressividade do ser, à nova vida que se mostra ao mundo. Sua vinculação à concepção e à vida se faz a partir dos dois signos que lhe são companheiros de elemento, Áries e Sagitário. A fecundação ocorrida em Leão vem à luz em Áries, o primeiro dos signos. Habitualmente, o trânsito solar pelo signo se inicia em 22 de julho e vai até 22 de agosto, quando mostra o ponto máximo do verão, no hemisfério norte, e o do inverno, no hemisfério sul. Seu símbolo é a cauda de um Leão que representa a vitalidade do ser, o poder e a energia que o animal que o simboliza mostra na natureza. É o "rei" entre seus pares, invocando a figura mitológica do leão de Neméia, cuja pele era à prova de ferro, bronze e pedra, e que jamais seria ferido ou morto por qualquer arma; este, porém, foi o primeiro trabalho atribuído pelos deuses a Heracles, o Hércules. No zodíaco, figura como a cauda do Leão numa representação gráfica da constelação que recebe seu nome e é o domicílio do Sol, morada do rei e ponto máximo da energia que faz o princípio vital dos humanos. Sua vinculação histórica é com o paternalismo original e se prende, nas primeiras manifestações religiosas, à figura do Deus-Pai, representando o princípio da autoridade. Na astrologia mundana, rege a juventude, a criança, as artes e a criação e o romance. Seus conceitos-chave são: **domínio e poder.**

Signo: Leão.
Nativo: leonino.
Posição zodiacal: de 120 a 150 graus.
Posição temporal: de 21 de julho a 22 de agosto.
Elemento: fogo.
Qualidade: fixa.
Trindade: material.
Regência planetária: o Sol em seu domicílio diário, Saturno e Urano em exílio e Netuno em queda.
Oposto: Aquário.
Simbologia: Representa para o ser humano o amor, o mando, o controle e o poder que a espécie representa na face do planeta. É o calor solar criador que domina e garante a vida, mostrando, desta forma, o controle, a primeira forma de expressão da espécie, o conhecimento do ser de haver atingido o apogeu e a maturidade, capazes de afirmá-lo diante dos outros, o que lhe dá a energia e a força vital que vêm do centro do sistema estelar a que pertencemos. É o reflexo humano da conquista, do triunfo

LEÃO – COLEÇÃO VOCÊ E SEU SIGNO ♌ 95

e da glória, ligando-se à energia incansável das crianças e ao domínio da jovialidade e da juventude. Força que se mostra na alegria pessoal, na atração que exercemos sobre os da nossa espécie e senso criador da energia que irradia.

Cor: o amarelo e tons de laranja até o vermelho.

Pedras preciosas: o diamante, o rubi, a crisolita e o ônix.

Metal: o ouro.

Flores: o girassol e as flores amarelas.

Perfume: o sândalo e a flor de laranjeira.

Plantas: o girassol, as margaridas, a laranjeira, o ipê amarelo.

Animais: o leão, o cão e a águia.

Dia da semana: domingo, dia regido pelo Sol.

Regência sobre o corpo: o coração, a coluna vertebral e a circulação sangüínea, áreas do corpo em que o leonino se mostra mais vulnerável e sensível, apresentando seus pontos frágeis, mais sujeitos a problemas de saúde.

Números: 1, 11 e 19.

Talismã: o Sol estilizado por um círculo de ouro, incrustado em rubi.

Cidades e países: Brasília, Salvador, Cidade do Cabo, Los Angeles, Paris e a França em geral, além dos Estados Unidos.

Clima: seco, do calor ao frio intensos, e pontos altos de montanhas.

Virtudes: idealismo, senso de justiça, bondade, clemência e coragem.

96   MAX KLIM

Fraquezas: egocentrismo, impulsividade, arrogância, autoritarismo e vaidade.

Tipo leonino: dominante, ambicioso, expressando jovialidade e poder, é um ser especial que tem sua melhor representação no ator à frente do palco, à espera do aplauso e do reconhecimento. Tem forte espírito de liderança e, naturalmente, assume posições de mando e de chefia, rebelando-se contra posições subalternas. Sua sede de poder pode levá-lo a posições extremadas, quase ditatoriais quando se julga o centro do mundo. É criador e operoso.

Personalidades do signo: o imperador francês Napoleão Bonaparte; o libertador Simão Bolívar; o revolucionário e ditador cubano Fidel Castro; Jacqueline Kennedy; o psiquiatra suíço Carl Gustav Jung, um dos criadores da psicanálise; o imperador romano Cláudio; Henry Ford; o cineasta Alfred Hitchcock; o ex-presidente brasileiro Fernando Afonso Collor de Mello; o escritor Leon Uris; a atriz Ester Williams; o compositor austríaco Joseph Strauss; o abolicionista Joaquim Nabuco; o general proclamador da República brasileira, Marechal Deodoro da Fonseca; o poeta Antônio Gonçalves Dias; *Sir* Walter Scott; o sanitarista Oswaldo Cruz; a atriz Nathalia Timberg; o compositor Caetano Veloso; o ator José Wilker; o cantor Ney Matogrosso e a cantora Clara Nunes.

A personalidade leonina

O nativo de Leão é essencialmente uma pessoa que centraliza o mundo. Se não o mundo de todas as pessoas, pelo menos o seu universo pessoal. E o faz de forma natural, tamanha é a sua capacidade de dominar tudo e todos à sua volta, não importando que tal domínio se exerça pela persuasão ou pela força.

Este ser especial, que expressa a exuberância de viver e se mostra pleno de confiança, nobre de sentimentos e generoso, é a expressão humana do seu astro regente, o Sol.

O leonino é a representação, na espécie humana, do calor e da criação da força vital que nos vem do centro de nosso sistema planetário. E o é com classe e elegância, que se revelam em todos os seus atos, numa expressividade que faz, dos nativos do signo, líderes condutores de homens e dominadores de mundos.

A representação que ele tem de "um ator no centro do palco" revela, por sua expressividade, o melhor retrato de um nativo ou uma nativa do signo de Leão. Isso porque ele se mostra, e tem todas as suas expressões, para uma platéia que, não existindo na realidade, há de ocupar um bom espaço em seu imaginário.

Exibindo-se com exuberância, sempre são eles, os leoninos, centro de atenções. E, por causa disso, se ressentem quando não conseguem, com sua presença, palavras, gestos e postura, se destacar na multidão.

Há que se notar que um leonino sempre impõe,

por sua presença, respeito e admiração por parte de outras pessoas, o que se dá de forma natural, como conseqüência de sua vocação para a independência, pelo vigor com que se exprime ou pelo entusiasmo com que reage aos fatos e pessoas.

Dotados de nobreza de sentimentos, os leoninos são bondosos e em seu comportamento habitual raramente alimentam sentimentos mesquinhos, mostrando-se desprendidos e capazes de gestos de generosidade que os fazem diferentes de outras pessoas.

Refletem nessa forma de agir a amplitude com que encaram a vida, as pessoas e sua existência, assumindo as dores do mundo e partilhando os sofrimentos dos desfavorecidos, a eles voltando muito de seus cuidados e atenções.

À nossa volta, há muitos exemplos desse tipo de ser especial que é capaz de se despir para vestir aquele que carece de um pouco mais de atenção. E sem pensar em si, ele simplesmente age.

Atuante e com um profundo senso de mando, busca ocupar, em todos os momentos de sua vida, uma posição que o destaque do grupo, o que o faz líder em qualquer coisa que venha a empreender na sua rotina sempre movimentada e cheia de desafios e espaços a preencher.

As suas tarefas ele as desempenha com engenhosidade e dedicação e, como conseqüência de seu temperamento de líder nato, sempre está de olho nos degraus mais altos de uma carreira, de um grupo social ou mesmo de qualquer coisa de que participe.

LEÃO – COLEÇÃO VOCÊ E SEU SIGNO ♌ 99

Liberal e justo, isso facilita sua busca do comando e da direção, elemento que é uma constante em sua vida na qual se mostra dono de idéias rígidas e, até certo ponto, tradicionalistas, valorizando muito a ordem e a organização.

Em certas situações, o leonino que não tem muita firmeza de opiniões — e certamente os há — torna-se um ditador em potencial, especialmente quando não sabe lidar com o poder que assume. Neste ponto, o leonino revela seu mais débil traço de caráter: pouco sabe usar o poder e, quando este lhe é concedido além da conta, pode ocorrer uma distorção na forma com que ele o exerce.

Se, como regra, o leonino faz bom uso do poder e se porta de forma elogiável e competente, quando apresenta distorção de temperamento, ele pode tender a posições e a uma postura que revelam o mais duro dos tiranos.

Influenciável e preocupado com a opinião que outros têm a seu respeito, pode incidir em erro por trilhar um caminho que o afaste da realidade. É nisso que, possivelmente, reside o elemento mais frágil do dom de liderança que o nativo do signo tem como forma natural de sua expressão diante de outras pessoas.

Por estar sempre preocupado com a avaliação que outros fazem dele, torna-se influenciável e sujeito a pessoas que não têm, como ele, ideais de caráter tão voltados a um plano justo e correto de vida e de sonhos.

Tem o nativo um inegável talento dramático, e este se revela sempre de forma teatral ou poética, levando-o a uma postura exagerada diante de dramas e crises. Suas reações são emotivas e profundas, cercadas de intensa dramaticidade que, por vezes, chega ao exagero.

Isso, no entanto, não se dá de forma negativa, mas, sim, como a forma que ele encontra para manifestar o seu envolvimento naquilo que o afeta, não importando que o fato, para outras pessoas, seja um acontecimento normal e sem maior profundidade.

O leonino se expressa com o corpo e com a mente, o que faz com que entre os grandes nomes da arte dramática, e mesmo da política, estejam sempre alguns dos nativos. E eles, por sua presença, mudaram e mudam a face do mundo.

Têm os nativos do signo uma profunda consciência de sua própria força e fazem uso desse conhecimento como forma de se impor aos outros. Dotados de coragem e arrojo em suas atitudes, buscam o sucesso naquilo que lhes cabe ou que assumem, dando aos seus atos uma impressionante naturalidade, derivada que é de seu modo de ser e se comportar.

Essa mesma naturalidade os nativos impõem a seu temperamento que, na sua visão, tende a buscar a honestidade, a franqueza e a justiça, ideais de comportamento que norteiam a sua própria vida, embora, por vezes, distorçam esses princípios morais.

Habitualmente, são trabalhadores conscientes e dedicados que se empenham na obtenção dos resultados das metas que traçam para si próprios de forma determinada. Isso contraria a tendência dos outros nativos do signo de fogo, mais dados a repentes criadores que à condução de tarefas rotineiras.

Demonstrando uma notável capacidade realizadora, não raro revelam também empenho nas mais árduas e difíceis das tarefas, desde que elas sejam as suas metas a cumprir. O temperamento ígneo de nativo de um signo do fogo o faz dotado de criatividade e uma pessoa que sabe conduzir bem projetos novos.

Para o leonino, uma das coisas a mostrar quando convencido de algo é o entusiasmo com essa ação. No caso dos novos projetos que idealiza, transfere a eles todo esse entusiasmo.

Na concepção leonina de vida, isso representa o equilíbrio entre a racionalidade arietina e o passionalismo sagitariano. O nativo, beneficiário dessa posição entre extremos do mesmo elemento, sabe como poucos compor a razão com a paixão, mostrando esse ponto de equilíbrio nos momentos mais difíceis ou importantes de sua existência.

Na verdade, o leonino carrega em suas decisões o racionalismo temperado com a emoção, ambos dosados de forma muito criteriosa. Mas, seguindo sua natureza positiva, dominante e ativa, ele mostra nessa forma de expressão de equilíbrio toda a exuberância com que age diante do mundo, alternando momentos de pragmatismo e racionalidade com outros em que predomina a emoção pura e sincera.

O que faz o leonino evitar os extremos é a sua

102 MAX KLIM

notável capacidade de dimensionar o exagero e, assim, moderar qualquer tendência a excessos, quando age com consciência do que faz e não se deixa dominar pelo apego ao poder.

Há nos atos do leonino um profundo vínculo com a vida e as suas formas de expressão. Neles, o amor a tudo o que faz ganha importância e significação. Essa noção do amor, que se manifesta ao longo de toda a existência do nativo, ele a tem de forma muito arraigada a seu próprio modo de enfrentar a vida e deriva de seu apego a um ideal maior que pode se mostrar na concepção de paternidade e da continuidade da existência.

O leonino usa dessa sua ligação com a vida para patentear o exercício permanente do dar e receber, numa evocação clara do sentido de perpetuação da espécie e de sua auto-satisfação. Para ele, dar-se é talvez muito mais importante do que receber. E isso tem todo o alcance do seu ideal de vida.

Em relação a esse processo mental, pode-se afirmar, com segurança, que cabe a um espírito leonino a filosofia que levou boa parte da humanidade a considerar os elementos do "ser" mais importantes que a noção tradicional do "ter", princípio que norteou, na década de 1970, o comportamento dos *hippies* e deixou raízes profundas em toda a humanidade. Na verdade, para o leonino, ser é muito mais significativo que simplesmente possuir alguma coisa.

O caráter leonino pressupõe a existência, em todos os seus atos, de uma boa dose de generosidade, um componente individual revelado nos mais teatrais gestos de desprendimento, como já se afirmou.

Mas, isso encerra também outros componentes psicológicos muito mais profundos que o simples ato de se dar alguma coisa a alguém. Ao mostrar-se generoso, o leonino vai em busca de sua realização e não do atendimento à necessidade alheia. Ele age de uma forma um pouco egocêntrica, pois a satisfação será dele ao dar e não daquele que recebe a dádiva.

Isso faz parte de um ponto interessante do caráter leonino. O nativo está sempre buscando chamar a atenção com gestos e atitudes que possam ser reconhecidos e valorizados pelas pessoas.

O leonino nunca age apenas por noção de dever, obrigação ou por provocação, ao se dar ou ao expressar generosidade. Ele o faz porque está convencido de que, agindo dessa forma, está revelando seu temperamento e recebendo, assim, a avaliação positiva do seu mundo.

Como todos os demais nativos de fogo, ele está sempre à espera do reconhecimento da boa impressão que causa e se ressente se isso não acontece. O curioso nesse tipo de comportamento leonino é que toda a ação é intuitiva e natural.

O leonino não espera que a aprovação alheia se faça de público. Para ele, o importante é tê-la pessoalmente e, se esse fato lhe é notado, ele o nega com firmeza e autenticidade, pois nunca age de forma deliberadamente pública para buscar a aprovação de outrem.

No ambiente de trabalho não é rara a imagem do leonino trabalhando sob as mais difíceis condições, muitas vezes adoentado, pois ele busca realçar diante dos outros a sua competência, seu valor e sua capacidade, porém, de forma natural e sem afetação. Assim age também em sua vida pessoal e íntima, com gestos e atitudes que revelam sacrifício pessoal profundo, apenas para atender os outros.

É comum o leonino dar a seus atos uma importância muito grande, superior a que tem para outras pessoas. Mas importância maior ele a dá ao efeito que esses atos causam, nos outros, deixando de lado o ato e preocupando-se com suas conseqüências. Isso ocorre pela importância que o nativo atribui a esse tipo de avaliação, que é bem significativo de um temperamento que mostra uma auto-estima considerável. Dentre todos os signos, o de Leão é o que a tem mais desenvolvida.

Para o nativo, nenhum gesto seu, nenhuma de suas palavras, nenhuma de suas concepções serão minimizados diante de outra pessoa e, por isso, ele se dá a necessária importância. Quando isso é abalado, o nativo mostra um legítimo e profundo sofrimento.

A autoconfiança leonina é a grande responsável pela inegável capacidade que tem o nativo de superar problemas após ser praticamente abatido por eles. Para o nativo do signo, levantar-se após uma queda é atitude natural e faz parte de sua própria estrutura mental.

Nunca se sentir derrotado e levantar a cabeça

diante de tudo e de todos é quase uma proposta de vida que molda bem esse caráter corajoso e magnético, que se empenha permanentemente numa conquista de tudo o que o atrai.

O destaque nesse comportamento é que, além de não se abater diante das dificuldades, o leonino vai em frente, esquece rancores, supera problemas e novamente se empenha na procura de seus ideais, todos sempre muito adiante de sua própria capacidade de realização.

Ele não guarda ressentimentos, pois acredita piamente que isso é uma enorme e descartável perda de seu tempo. E tempo, para o leonino, é muito significativo e importante. Ele assume a postura magnânima e generosa diante de seus desafetos e os que o agravam em situações as mais diversas. Vai nisso um pouco da visão positiva do signo, outra de suas importantes características, razão mesmo de um otimismo que é contagiante quando se manifesta. É o otimismo de um nativo de signo de fogo: quente e envolvente.

Mas não se creia que o leonino, por sua generosidade em não guardar rancores, não se magoa. Ledo engano. Sua sensibilidade, sempre à flor da pele, o faz suscetível diante de qualquer coisa, desde a opinião que lhe contraria até a crítica justa que se lhe faz.

Habitualmente, ele se põe em guarda quando percebe a contrariedade, e faz isso instintivamente. Outro ponto que o assusta e afasta é constatar a inveja em pessoas com as quais se relaciona. Por não admitir esse tipo de comportamento e o condenar de forma veemente, ele sabe bem distinguir a admiração sincera da inveja destruidora.

A malícia de um comentário dúbio, com segundas intenções, ferino, o agride também de forma direta e profunda e ele reage, da mesma forma e com a mesma característica violenta que o faz diante da deslealdade de uma pessoa que considera amiga. Esses dois defeitos são capitais na interpretação do leonino.

Dotado de uma profunda vontade de viver com intensidade todos os instantes de sua vida, o nativo revela esse entusiasmo com uma alegria e uma determinação que fazem sua existência um reflexo permanente do sol que o governa.

O leonino é brilhante, efusivo, quente e tórrido. Poucas vezes nota-se um leonino infeliz e, quando isso acontece, é por pouco tempo. Dogmático, ele mantém a tradição com base nos conceitos sedimentados em sua mente, princípios que dificilmente contraria.

É tradicionalista ou conservador dentro de suas próprias concepções daquilo que deve ser preservado e conservado. Quando convencido disso, raramente muda de opinião e por ela enfrenta oposição e crítica, buscando impor a sua verdade de forma muito convincente.

Esse traço de caráter pode levar o nativo a se mostrar teimoso em relação a opiniões que já tem formadas. Apesar de, às vezes, se mostrar influenciável, quando está convencido de alguma coisa, dificilmente cede e "não dá o braço a torcer" muito facilmente. A persistência nos seus próprios conceitos e conclusões faz do nativo uma pessoa que aparenta ter posições firmes e inarredáveis, levando-o, então, àquela teimosia que existe apenas na aparência.

É nessa ocasião que o leonino revela o seu lado intolerante. Ele quase sempre não admite ser contestado e contrariado, reagindo de forma dura quando isso acontece. Nas suas relações mais próximas, é comum ver o leonino contrariado, de cara amarrada e macambúzio, o que, no entanto, pouco dura.

Mas ele exprime sua contrariedade de forma muito evidente, quase transparente, não deixando margem à dúvida sobre o seu estado d'alma. O que acontece é que o nativo tem grande capacidade para dirigir a sua própria vida dentro das concepções que elaborou em sua memória social ou de experiência de vida e, raramente, abre mão desses valores já sedimentados para mudar de opinião.

Essa capacidade de dirigir a própria vida, que é bem clara para o próprio leonino, ele a tem como norma de comportamento e, muitas vezes, chega ao exagero de procurar também dirigir a vida de outras pessoas, como uma forma quase inconsciente de domínio sobre tudo o que o cerca. É o lado envolvente do caráter leonino que torna o nativo, por vezes, um implacável ditador e um senhor que não abre mão de seu poder sobre outrem.

Só o idealismo afasta o traço de prepotência que poderia surgir com esse temperamento mandão e controlador. O leonino pode até dominar pessoas e situações, mas ele sempre o faz com base num ideal de vida que há de perseguir com determinação.

Geralmente, o idealismo leonino se manifesta em princípios de solidariedade, bondade e assistencialismo, uma forma positiva de manifestação do poder do nativo do signo. Por isso, muitos julgam que há certo esnobismo na forma de o leonino se apresentar diante do mundo. Ele sabe o que quer e busca isso com tal convicção que aqueles que não partilham de seus ideais são colocados de lado, em uma atitude que beira mesmo o esnobismo.

O leonino, porém, não faz isso de forma pensada e por debilidade de caráter. Ele age assim por acreditar firmemente que quem não partilha suas idéias está contra elas, devendo, dessa forma, ser deixado de lado. Essa atitude pode ser interpretada como arrogância

Tal conceito todavia dura muito pouco, pois, na verdade, o nativo é uma pessoa aberta a interpretações e opiniões alheias, desde que não contrariem os seus valores básicos.

O nativo de Leão é alguém fácil de se levar, pois há de se comover com os argumentos que lhe são opostos e dar uma chance a outra pessoa. Isso é resquício da generosidade natural do nativo que o leva a abrir-se para acolher quem está em desvantagem ou carente. E o faz até mesmo para quem está em desvantagem diante dele.

Isso contraria a avaliação do leonino como um ser presunçoso e pretensioso, pois, mesmo que ele venha a externar algo que possa se aproximar desses defeitos, o fará de forma inconsciente e nunca como expressão de seu caráter, que é, na verdade, magnético e mesmo autoritário, altruísta e justo, não permitindo jamais que a prepotência se imponha como valor no trato com outras pessoas. O leonino tem a exata e correta dimensão da sua humanidade e da sua pequenez diante do Universo e, por isso, nunca chega ao extremo em seus defeitos.

Para essa figura poderosa e dominante, os critérios de justiça são os que mais importam em sua vida e ele se bate por isso de uma forma muito intensa, levando nessa luta o ardor típico de seu signo, um ardor temperado com muita clemência, uma constante jovialidade e uma notável capacidade de participar e se dar aos que sofrem e são desvalidos, como nenhum outro o faz.

É desprendido dos bens e valores e mostra isso de modo muito eloqüente.

Uma das características mais distintivas do nativo do signo, embora não tão acentuada como nos arietinos, é a sua impulsividade. Não raro, o leonino age primeiro e avalia depois as conseqüências de seus atos. Mas como se trata de pessoa que vai sedimentando seus valores e os avaliando permanentemente, muitas vezes essa precipitação nada mais é do que uma mudança súbita de rumos em coisas já pensadas e avaliadas. Para os outros é que isso representa uma decisão momentânea, nunca para o próprio leonino, que já havia decidido aquilo que faz.

Essa forma de agir pode fazer com que o leonino se sinta incompreendido pelas pessoas que o cercam, pois, muitas vezes, ao tomar uma decisão pesando só para si os prós e os contras, ele se distancia das pessoas e, então, aquilo que vem a fazer é apenas a parte visível de seu caráter, confundindo e contrariando quem pensa de forma diferente.

O lado mais negativo desse ser especial que é o leonino pode ser medido por seu egoísmo, um traço bem característico de todos os nativos de signos do fogo, que sempre agem como se fossem o centro do mundo. E eles, leoninos, arietinos e sagitarianos, agem sempre assim, centralizando tudo ao seu redor. No caso do leonino, isso é ainda mais intenso pelo fato de que ele exerce ao mesmo tempo um domínio e um poder sobre as pessoas que o tornam até mesmo cruel quando age de forma indiscriminada e impensada.

Dominador e auto-suficiente, o leonino deve ter cuidado para que esta auto-suficiência não o coloque em posição de desvantagem diante de outras pessoas. Ele não deve nunca agir como se fosse a única pessoa sobre a face da Terra. Há que se lembrar, sempre, de que somos todos dependentes dos que nos cercam e não há como se afastar disso.

Ouvir conselhos e ponderar um pouco antes de sair à cata dos seus próprios moinhos de vento é uma tática que sempre dá resultado. Aqui vale a sabedoria oriental quando nos aconselha que é muito mais importante saber ouvir do que falar.

E esta é uma lição de ouro para o nativo que, habitualmente, age como se fora o dono da verdade e do mundo. A prática da humildade e os exercícios de partilha de opiniões e valores são práticas que se recomendam ao nativo que deve apenas controlar a sua tendência a julgar todas as pessoas de forma muito positiva, tornando-se crédulo em excesso.

Conceitos-chave positivos

Generosidade — Um verdadeiro dom que marca a vida do leonino com gestos e atos de desprendimento que o acompanham sempre.

Liderança — Atributo que faz o leonino assumir sempre a frente de tudo aquilo que empreende, buscando o comando e a chefia permanentes.

Idealismo — É um dos traços mais importantes de caráter do nativo que tem naquilo que pensa e sonha expressões acabadas de metas a perseguir.

Autoconfiança — Dom que bem administrado e conduzido faz do leonino uma pessoa bem mais feliz e em paz consigo mesmo.

Criatividade — É parte da natureza ígnea desse nativo de signo do fogo, que a desenvolve de forma notável vida afora.

Coragem — Qualidade que deriva de todo o temperamento do nativo, fazendo-o enfrentar problemas e dificuldades com garra e determinação.

Inventividade — Distinta da criatividade, ela permite ao leonino mostrar toda a versatilidade mental de que dispõe diante dos desafios de sua vida.

Clemência — Faz o leonino generoso diante da insuficiência de outros seres, mesmo quando estes a ele se opõem.

Determinação — É a expressão mais exata da firmeza com que o leonino busca os seus objetivos de vida e suas metas pessoais.

Brilhantismo — Resultado da soma de todas essas qualidades, essa é a forma com que o leonino se coloca diante das pessoas.

Conceitos-chave negativos

Arrogância — Deriva de sua postura auto-suficiente e se mostra sempre que o leonino não controla os excessos de seu temperamento.

Vaidade — Um ponto fraco que o leonino revela e do qual dificilmente se separa ao longo de sua vida. Deriva ele da autoconfiança do nativo.

Insensibilidade — Mostra-se presente nos atos do leonino quando ele impõe a outrem o seu modo de pensar e de agir.

Autoritarismo — Deriva da forma errada da expressão de mando e do espírito de liderança do nativo, quando mal aplicados.

LEÃO – COLEÇÃO VOCÊ E SEU SIGNO ♌ 113

Orgulho — Por se tratar o leonino de pessoa que se destaca dentre as outras, o orgulho acompanha seu caráter de forma inseparável.

Superioridade — É um dos traços do comportamento leonino que mais se sobressaem, especialmente quando ele exerce o poder.

Teimosia — Revela-se toda vez que o leonino é contrariado em suas concepções, levando-o a insistir nas idéias mais arraigadas.

Precipitação — Conseqüência do caráter ígneo do nativo que o faz agir primeiro e depois avaliar as conseqüências.

Auto-suficiência — Deriva de toda a capacidade do leonino em gerir sua vida dentro de seus próprios conceitos, sem ouvir conselhos.

Condescendência — É a forma de o leonino se expressar diante daqueles que considera desprovidos dos mesmos dons que os seus.

- *Ao constatar a presença desses elementos negativos ou positivos em sua maneira de agir, você, leonino, deve buscar sempre um ponto de equilíbrio em todos eles. Alguns, se levados ao extremo, podem redundar em distorção de seu caráter. Sempre tenha em mente que a moderação e a ponderação são as suas maiores armas, pois lhe permitem temperar de forma correta todas as suas qualidades. A sua credulidade diante de outras pessoas deve ser combatida e substituída por uma avaliação baseada em fatos e nunca na emoção. Com isso, você elimina a sua insegurança. E, agindo com maior abertura a conselhos e à ajuda dos outros, vai temperar bastante a sua arrogância e o seu domínio sobre ações e comportamentos dos outros. Sua capacidade de realização é o fator que destaca a sua inventividade e o faz versátil, a ponto de enfrentar coisas inesperadas de forma consciente e mais lúcida. Sua necessidade de afirmação pode e deve ser controlada a ponto de compensá-lo apenas na sua vivência do cotidiano.*

Exercícios leoninos

- Procure evitar que sua ascendência sobre outras pessoas se transforme em domínio que acabe por torná-lo não um líder, mas um ditador. Isso se faz com a conquista das pessoas e com o conhecimento daquilo que você realiza.
- Apesar de toda a sua auto-suficiência, ouça conselhos diante de qualquer situação que não domine bem e, com a experiência dos outros, procure pensar um pouco que a verdade sempre tem dois lados e é bom conhecê-los para decidir de forma mais correta.

LEÃO – COLEÇÃO VOCÊ E SEU SIGNO ♌ 115

- Não confie excessivamente em qualquer um que de você se aproxime. As pessoas, por mais frágeis que pareçam, nem sempre expressam com franqueza aquilo que pretendem, e sua confiança, em demasia, pode levá-lo a situações de risco e a problemas que vão deixá-lo amargo e triste.
- Seja parcimonioso ao dar vazão a todo o seu sentimento da miséria do mundo. Nunca dê nada em excesso e nunca se dê também em excesso. A atitude moderada de quem sabe dizer não na hora certa é um excelente exercício da parcimônia e do respeito por outrem.

O homem de Leão

Uma figura extraordinária de ser humano que conhece seu lugar no mundo e vive para se colocar sempre em um degrau mais alto diante das pessoas que com ele convivem. Assim é o típico nativo de Leão, um homem que se mostra brilhante em tudo o que faz.

Cavalheiresco e galante no trato às pessoas, ele se revela sempre um líder nato, e isso até mesmo quando se fala em sentimentos.

Unindo todo o ardor do fogo, o seu elemento, a um racionalismo típico de um signo masculino e positivo, o leonino depende como ninguém do gênero humano e do calor que vem das pessoas para se afirmar diante delas.

Sua estrutura emotiva é um de seus mais significativos componentes psicológicos, e dela ele depende como o ser humano depende do oxigênio para sobreviver. Na verdade, diz-se do leonino que, sem amor, irá minguando e acabando até definhar por inteiro.

Essa curiosa vinculação do homem leonino ao seu símbolo estelar revela muito da personalidade do nativo: ele cria com o seu calor. Um calor que, em excesso, pode também destruir. É fogoso, temperamental e impulsivo.

Sua existência é uma constante e permanente busca pela atenção, pois em tudo o que faz, pensa, idealiza e realiza, está ele sempre à procura do reconhecimento que, ao mesmo tempo, é exigência sua e lhe serve de motor e incentivador para realizações as mais diferentes.

Vive o leonino em permanente procura de algo maior que aquilo que tem. É um insatisfeito com o próprio sucesso e realizador que se mostra, às vezes, extremamente atirado em tudo o que faz. Em matéria financeira, por exemplo, é alguém que vai fundo e busca soluções e caminhos nem sempre convencionais.

Por seu caráter viril e ambicioso, adora a disputa e atravessa a vida competindo com alguém ou com alguma coisa. Criativo com aparelhos e mecanismos, é uma pessoa inventiva por procurar sempre soluções alternativas para problemas que outros consideram insolúveis.

Aliás, o homem de Leão encontra poucos obstáculos intransponíveis ao longo de sua vida. E os que ousam se postar em seu caminho são ultrapassados de uma forma ou de outra, nem que para isso ele tenha que se valer de recursos que o fazem excêntrico e diferente.

Na sua necessidade de afeto, ele é absorvente e dominador. E sabe valorizar a dedicação e o companheirismo, sempre com gestos largos e generosos, presentes caros e elogios exuberantes.

Ciumento até dos filhos, o homem de Leão é sempre o eterno menino à espera de colo, e isso o transforma, na maturidade, num amante excepcional e carente que exige permanente atenção por parte daquela que está ao seu lado.

Esse tipo de comportamento pode levar o leonino a atitudes consideradas de puro egoísmo e, como conseqüência, a atos cruéis com aqueles que o cercam. Ele se defende para manter sua supremacia na atenção alheia e, ao recuperá-la, tudo é superado e ele volta a ser aquela pessoa especial, muito sociável e amável.

A mulher de Leão

Esta sonhadora dona do mundo é alguém muito especial e que exige um lugar ao sol, como a legítima e digna representante do astro-rei sobre a Terra. É a deusa transformada em ser humano que revela, em uma inegável classe, uma postura de rainha, uma dignidade que envolve e uma presença que jamais é esquecida por aqueles que têm o privilégio de tê-la em sua companhia.

Exageros à parte — e exagero não é palavra distante do dicionário da leonina —, a nativa de Leão concentra em si todas as qualidades e defeitos do nosso Sol. Amável e rigorosa, lutadora e acomodada, ciumenta e desprendida, gentil e antipática, valente e medrosa, tudo isso compõe, ainda que de forma contraditória, o seu notável temperamento.

Habitualmente, ri com gosto, apesar de manter sempre uma postura digna e com sua habitual classe, mesmo na intimidade, não importando o que lhe aconteça. Ela se deslumbra facilmente com coisas que gostaria de ter. Sua casa é um permanente exemplo de decoração, com as coisas mais disparatadas que, no entanto, fazem o seu prazer interior.

A mulher de Leão é, por essência, uma pessoa sentimental que guarda lembranças por toda a vida, encontrando-se, entre seus porta-retratos e álbuns, fotos inesquecíveis dos homens a quem amou e dos momentos em que ocupou o centro do palco.

Sem o reconhecimento alheio, a leonina torna-se a mais amarga das criaturas. Como conseqüência disso, ela busca a popularidade e a aceitação geral em todas as suas atividades. No trabalho, quer ser a mais destacada das profissionais. No lar, quer ser o centro das atenções dos filhos e do marido, quando já o foi dos pais e avós. Para ela, é essencial ser a líder social de seu gru-

LEÃO – COLEÇÃO VOCÊ E SEU SIGNO ♌ 119

po e nele ocupar os espaços mais importantes, e isso se reflete em tudo o que ela faz ou de que se ocupa.

Possuidora de rara vivacidade, com uma inteligência que a destaca, tudo em torno dela se arma de uma graça e beleza incomuns, pois sabe temperar com suavidade toda a sua vida. Mas, isso quando não provocada. A nativa de Leão reage a provocações como uma tempestade, dando razão à denominação de seu próprio signo. Nessa ocasião, representa a leoa ferida ou agravada de uma forma tão forte que assusta à primeira vista.

A leonina é especialista em dar sustos em outras pessoas que não estão acostumadas à sua franqueza direta, a suas reações bruscas e firmes e a um caráter que rivaliza com os mais firmes do zodíaco.

É mãe extremada e tão dedicada, que entra em pânico ao menor problema com os seus filhos. Tem pouco equilíbrio para enfrentar doença dos filhos ou dos pais e sempre chega ao exagero quando enfrenta, em família, coisas para ela desconhecidas.

Gosta de ser presenteada e é sofisticada em seu gosto, o que deriva da necessidade que tem de ser sempre notada e reconhecida.

Generosa e dedicada, assume a causa dos desvalidos e das minorias com um entusiasmo que a faz líder nas iniciativas que empreende. É uma pessoa dada a depressões por fragilidade, que a fazem parecer uma menininha assustada, especialmente quando agredida ou desrespeitada em seus direitos ou quando criticada de forma injusta.

O amor e o sexo em Leão

O leonino gosta de tudo que é bom na vida e, em relação ao sexo, não poderia ser diferente, pois os nativos do signo de Leão são os grandes amantes do zodíaco, aqueles que estão sempre se consumindo no fogo de uma paixão, invariavelmente moldada em ardor e romantismo.

Leão nasceu para amar e ser amado ou amada e faz de quem ama a pessoa mais importante do mundo, numa troca de dar-se e receber que o torna símbolo da majestade também no amor.

A mulher de Leão, apaixonada sempre, carinhosa e ardente, soma os dotes de correta anfitriã e mulher requintada com o comportamento de quem busca a satisfação do parceiro com um requinte que faz do amor um momento muito significativo.

Ela não acredita na atração puramente física e sempre justifica seu envolvimento com alguém pela atração muito mais que psicológica. É impulsiva e os seus melhores parceiros são os nativos dos signos de Áries ou Sagitário.

O homem de Leão, dominador, sentimental e exuberante, faz do sexo e do amor uma razão de domínio e de realização. Pelo amor, vive apaixonado dando a suas relações um calor especial e uma significação marcante.

Para ele, o seu amor de agora é o grande amor da sua vida. É exigente quanto à correspondência no ato de amar, pois é incapaz de se relacionar sem o fogo ardente da paixão. Ciumento, também gosta da beleza e do luxo e as suas melhores parceiras são as nativas de Câncer e de Libra que com ele não irão competir, ou apagar-lhe o brilho e o viço.

Os nativos de Leão, em se tratando de amor, gostam do belo e procuram sempre um parceiro ou uma parceira que com eles se iguale em nível intelectual e com o qual possam manter uma conversa mais animada para uma noite de jogo ou uma festa animada.

Habitualmente, cercam as suas ações no amor de um requinte especial, pois tudo o que é rico e luxuoso chama a sua atenção, prendendo, assim, a pessoa que é alvo de suas atenções.

Também no amor nativos e nativas de Leão agem de forma livre e descontrolada e não gostam de se conter. Isso é bem parte do seu amor à liberdade, o que faz com que busquem relações duradouras que não tolham seus movimentos e suas relações de amizade. Muitos nativos deste signo optam por relacionamentos não formalizados.

Os nativos do signo têm intensa atividade sexual e necessitam do sexo para sua própria afirmação. Em se tratando de leoninos, não são raros os traumas e problemas derivados de uma relação sexual insatisfatória, pois entre eles há sempre aquele que acredita que os seus problemas derivam de sua incapacidade e de seus *grilos*.

Enquanto a mulher de Leão busca o brilho próprio, o homem do signo quer dominar. Mas ambos não aceitam concorrência do parceiro, pois têm sempre a necessidade de se impor aos que amam.

Gostam de dar presentes caros e não se importam em receber lembranças, desde que estas mostrem que seu parceiro ou parceira não se esqueceu daquela data especial, daquela promoção no trabalho, da conquista de um lugar de destaque.

O convencionalismo do leonino é habitualmente superado quando se trata de amor. Nesse campo, ele se deixa levar pela emoção e pelo sentimento e se dá de forma completa na busca da satisfação própria e do parceiro. Ambas lhe são importantes, e isso vai desde um gesto de carinho a um envolvimento físico.

Quando ama, o leonino vai a extremos e exagera a forma de fazê-lo, o que explica, em boa parte dos casos, o seu ciúme extremado, embora ele seja, quase sempre, comedido na demonstração de afeto em público. Na intimidade, ele se solta e age de forma exatamente oposta àquela que adota para externar suas reações diante de outras pessoas. Isso vem da importância que ele dá à sua dignidade e das tradições que cultua como poucos. Considera a privacidade um dom que vale a pena guardar, especialmente para não mostrar suas fraquezas e debilidades.

O nativo de Leão tem uma sensualidade que o torna diferente, e ele ou ela serão sempre notados por onde andarem. Há quem considere o leonino e a leonina a expressão física da atração de um ser humano por outro.

Essa aparência, que constitui por si mesma um atrativo e um apelo sexual mais forte, muitas vezes é a arma de que se valem os leoninos para a conquista e para os seus jogos de amor. Eles sabem como ninguém se tornar atraentes e excitantes.

O ardor de uma paixão é tema de vida e modo de agir para os nativos de Leão, que fazem de seus relacionamentos romances dignos do melhor autor. Para eles, o amor é sempre temperado de aventura, de novidade, de dar-se e receber em alto estilo de alegria e de festa. O leonino ama com um genuíno entusiasmo e uma alegria que não encontra rival.

O idealismo leonino também se mostra no amor e, com base nele, muitos nativos se jogam inteiramente em relacionamentos que não têm uma estrutura segura e podem levá-los a situações adversas e decepções que abrem feridas profundas.

As combinações de Leão no amor

Quais são os signos mais compatíveis entre si? A pergunta que mais se faz quando se trata de astrologia poderia ter uma resposta simples e direta: todos os signos têm elementos compatíveis e todos nós, seres humanos, temos em nosso mapa astral elementos de outros signos.

Apesar disso, existem algumas pequenas diferenças que, no relacionamento amoroso, assumem caráter maior ou menor, dependendo da forma como reagimos aos fatos. Muitas vezes, a agressividade de um é bem recebida pelo outro parceiro, enquanto em outra situação um dos parceiros irá reagir duramente a esse mesmo elemento.

No caso de Leão, signo do período de 21 de julho a 22 de agosto, o primeiro ponto a se levar em conta é a compatibilidade dos elementos. Se os nativos que buscam a convivência tiverem predominância de elementos compatíveis em seus signos solar, ascendente e lunar, terão maior chance de conviver bem. Leão é um signo do elemento fogo e, para ele, valem a equações: fogo + fogo + fogo ou fogo + fogo + ar ou ainda fogo + ar + ar. Por elas, há uma chance bem maior de acerto no relacionamento afetivo.

Leão + Áries Esta é uma combinação de dois signos altamente dominadores e expressivos, que se realizam com o destaque pessoal do leonino e a tendência dominadora do arietino, se dispostos de forma harmônica. É uma boa ligação afetiva, especialmente quando ela é leonina e sabe administrar as explosões do seu companheiro arietino, de forma a dar-lhes sentido prático dentro da sua vontade. Em geral, é positiva.

Leão + Touro Neste caso, ocorre uma combinação que une todo o caráter criador e expressivo de Leão com o gênio pacato e realista do taurino. Isso pode levar à intolerância mútua, se ambos não souberem conduzir adequadamente a relação. Há que se ter muita paciência de ambos os lados para que o relacionamento seja harmônico. No amor e na vida prática, Touro significa maior dose de estabilidade para Leão.

Leão + Gêmeos A combinação dos elementos fogo e ar é quase sempre positiva, embora o mundanismo excessivo de Gêmeos seja um obstáculo para o exigente Leão. No entanto, ambos buscam o brilho e a extroversão e, se Gêmeos aceitar o domínio leonino, haverá um entendimento mutuamente proveitoso. Os dois signos se parecem bastante nas suas reações e devem evitar competição entre si.

Leão + Câncer Há uma forte possibilidade de que este relacionamento conduza os nativos a um relacionamento marcado pela paixão leonina. Isso, especialmente, quando a mulher é

Leão. O forte apego canceriano ao lar e às coisas da vida doméstica serve de contraponto à necessidade leonina de exteriorizar sua personalidade. É uma relação em que há dominador e dominado, embora positiva.

Leão + Leão Os dois do mesmo signo somam elementos e, com isso, temperamento. Há que se considerar sempre a capacidade individual de tolerância, pois a tendência é de que o relacionamento resvale quase sempre para a competição ou a indiferença, males fatais no amor. Só a grande dedicação mútua pode fazer com que a combinação seja positiva e mostre resultados duradouros.

Leão + Virgem As diferenças de elementos e de comportamento entre os dois signos os colocam em campos muitas vezes opostos durante suas vidas. O detalhismo e a força de vontade virgianos podem servir de base a interesses pessoais leoninos. Se isso for compreendido, e não antagonizado, pode levar a campos positivos numa relação duradoura que, no entanto, exige muito de ambos.

Leão + Libra É um relacionamento positivo e que tende a se manter, especialmente pelo romantismo que Libra dá à relação. Em qualquer hipótese, ele ou ela leoninos, haverá sempre uma tendência de domínio que, habitualmente, é aceita por Libra. Com isso, cria-se a base para uma relação duradoura. Leão deve manter comedimento em sua busca de reconhecimento e notoriedade e Libra aceitar o domínio.

Leão + Escorpião Neste caso, signos de forte determinação por vencer e alcançar metas cada dia maiores se juntam para um relacionamento que pode alçá-los a um campo notável de entendimento afetivo e físico. Mas a relação pode ser dominada pelo ciúme e um alto grau de conflito, muitas vezes, baseado em coisas sem importância, o que cria um clima instável na relação. Ambos têm que conciliar interesses.

Leão + Sagitário Os dois signos pertencem ao mesmo elemento. Isso revela amplas possibilidades de entendimento e de durabilidade da relação. Se ambos controlarem sua impulsividade e senso pela liberdade, vão alcançar campos vastos de realização amorosa, pois sagitarianos e leoninos fazem de seus sonhos a base para a realidade, e isso se dá de forma notável no amor.

Leão + Capricórnio Por mais estranho que possa parecer, a combinação entre estes dois signos habitualmente é positiva, pois eles se completam de forma bastante harmoniosa. Capricórnio tem os elementos que faltam, em determinação e realismo, ao nativo ou à nativa de Leão. Por isso, superam a diferença entre signos da terra e do fogo e compõem uma das uniões mais equilibradas do zodíaco.

Leão + Aquário O comportamento aquariano, sonhador e adiantado ao seu tempo, compõe de forma notável a boa relação com o típico filho ou filha de Leão. Ambos têm ideais altos e se combinam de forma notável na sua conquista. O relacionamento afetivo é bastante favorável e positivo, especialmente quando lutam por ideais comuns. São ambos românticos e muito dedicados.

Leão + Peixes Nesta combinação, os elementos típicos dos dois signos se mostram presentes de forma inseparável ao caráter tanto de Leão quanto de Peixes e, dificilmente, se harmonizarão. Por isso, habitualmente, é uma relação complicada e tumultuada que só prospera se os nativos tiverem em seus ascendentes ou signos lunares posições compatíveis e mais harmônicas que a dos seus signos solares.

A saúde e o leonino

Leão governa o coração, as costas, a coluna e a circulação sangüínea. Isso mostra que o nativo concentra em sua estrutura física boa dose de energia, o que é, em última análise, uma de suas mais marcantes características físicas.

Forte, suporta tensões intensas devido ao seu temperamento ígneo, exuberante e quente. Habitualmente, trabalha muito. Pouco ouve dos conselhos e da orientação que lhe são dados em função da saúde.

Na maioria das vezes, mostra-se paciente difícil e complicado e chega a exageros quando trata de seu próprio bem-estar físico, embora tenha uma notável capacidade de recuperação nas mais difíceis circunstâncias.

Além de governar áreas essenciais à vida, como o

coração e a circulação, o signo tem um papel determinante no funcionamento de alguns dos órgãos mais importantes e que se vinculam a essa estrutura básica de regência leonina, entre eles o duodeno, a pleura, o pâncreas, o fígado e o baço. Na estrutura óssea, rege antebraço e pulso.

Suas características físicas mais distintivas são a estatura de média à alta, ombros largos e postura ereta, testa ampla, olhos expressivos e narinas bem delineadas. O leonino normalmente caminha com passos rápidos, é agitado e apressado, como resultado do excesso de energia que acumula em seu organismo.

As doenças que mais freqüentemente os acometem estão ligadas ao sistema cardiovascular e à coluna vertebral, pontos que devem receber maior atenção do nativo ao longo de sua vida.

Para os nascidos nos primeiros dias de regência do Sol sobre o signo, há que se considerar os riscos de problemas com a pleura e com o duodeno. Já para os que nascem na segunda metade da regência solar, o fígado é o ponto frágil e que merece cuidados. Não são raros os casos de diabetes e insuficiência pancreática entre os leoninos do terceiro decanato que, além disso, se mostram sujeitos a hipertensão e têm uma considerável propensão a acidentes.

Na fitoterapia, o leonino tem bom apoio nos chás de flor de laranjeira (*Citrus aurantium*); no uso da semente de girassol (*Helianthus annuus*) ou do óleo dessa planta; no emprego da sálvia (*Salvia officinalis*), que atua sobre o sistema digestivo e hepático, da fumaria (*Fumaria officinalis*) ou da bardana (*Lappa officinalis* ou *Arcticum bardana*), todos com ações sobre os órgãos internos.

O sal mineral do nativo é o fosfato de magnésio, elemento que atua na formação da albumina e o beneficia na circulação sangüínea. Além disso, o cálcio estrutura melhor o seu sistema ósseo. As dietas próprias para o leonino devem ser fartas em verduras, frutas e legumes.

O trabalho leonino

Para o nativo do signo regido pelo Sol, que é o centro do nosso sistema planetário e aquele que, na natureza, se expressa pelo potencial máximo de juventude dos seres, qualquer trabalho que lhe permita exercer o mando e a chefia será bem aceito e exercido com prazer e gosto.

Líder nato, ele busca permanentemente o destaque entre os demais, o que lhe confere dons de liderança muito evidentes, especialmente em funções de execução e organização.

Por ser o chefe, o líder, o condutor, o mestre e nunca o subordinado acomodado, isso representa uma vantagem, mas, ao mesmo tempo, um problema para o nativo de Leão, que terá sempre dificuldade no exercício de qualquer função subalterna.

Falta-lhe a paciência necessária para alçar vôos mais altos nos processos hierarquizados e galgar degraus de uma escada que sempre lhe parece longa demais, difícil demais e demorada demais. Ele busca, com o seu trabalho, a honra mais elevada, o posto de maior destaque, a ocupação mais em evidência.

Pioneiro e inventivo, tem a seu serviço uma inteligência privilegiada, capaz de prover-lhe as armas necessárias para que vença na vida por seu próprio esforço e dedicação. Isso faz com que seu desempenho em atividades autônomas lhe permita destacar-se dos demais, agindo com a independência que em seu comportamento profissional é natural.

Ele passa a sua vida profissional em busca de cargos e posições que o coloquem em destaque e evidência, pois é sempre uma pessoa orgulhosa daquilo que faz, mercê de uma constante procura do lugar mais alto, onde possa mostrar que vence sempre. Isso é mero reflexo da competitividade que ele impõe a seus atos na vida comum e até mesmo no desempenho de tarefas corriqueiras.

Dono de um comportamento franco e direto, o leonino, no trabalho, expõe sempre o que pensa e isso pode lhe trazer problemas quando subordinado, somando mais um elemento ao fato de que, raramente, ele se contenta com tarefas que considera subalternas ou inadequadas ao seu conhecimento e experiência.

Quando o leonino inicia sua vida profissional por funções inferiores, logo busca uma forma de se destacar e deixar aquilo que faz à procura de algo mais promissor.

Dotado de um enorme carisma pessoal, ele domina os que estão ao seu redor, e isso ele faz de maneira quase inconsciente, pois não é um negociador ou diplomata quando se trata de trabalho, tendendo muito mais impor as suas opiniões e concepções do que discuti-las.

O leonino tem sempre uma boa capacidade de organização, mas se revela impaciente com qualquer coisa que não apresente resultado imediato.

O nativo de Leão se dá bem em profissões ligadas à estética, às artes, à publicidade, à manufatura e à criação de jóias que empreguem pedras. Tem queda natural para a ourivesaria, a criação em tecidos, o serviço social e a política.

É, em termos de administração financeira, um especulador nato mas que, num pregão de bolsa de valores, faria uma revolução por suas idéias extravagantes.

Para o leonino, o trabalho é uma forma de exercitar a sua permanente busca pelo prestígio e, nesse campo, todas as suas ações tendem à procura pelo reconhecimento de outras pessoas como forma de compensação. Se não há esse retorno, ele se frustra e logo parte para uma coisa que o compense mais. Para isso, ele não se importa em ser muito extravagante e pouco convencional, desde que assim granjeie o prestígio e a notoriedade que almeja na vida.

É, no entanto, um eterno insatisfeito que nunca dá por concluído aquilo que escolheu para o seu mundo profissional, considerando qualquer meta atingida como coisa passada. E nova meta estabelece para começar tudo de novo.

No seu relacionamento de trabalho, mostra uma forte tendência a dominar os seus subordinados e com eles ser muito generoso, o que subverte esquemas mais tradicionais de hierarquia ou cria ressentimentos que dificultam o seu desempenho profissional.

É impaciente na condução das tarefas e vê muito da sua comodidade. Tem forte tendência a esbanjar dinheiro quando exerce cargos de direção e tem poder de mando.

FATORES DE COMPENSAÇÃO PROFISSIONAL

- Reconhecimento e prestígio com o desempenho das tarefas.
- Liberdade de organização do seu ambiente de trabalho.
- Tarefas que permitam crescimento funcional e profissional.
- Atividades que lhe permitam mobilidade e mudança.
- Facilidade de determinação dos métodos em suas funções.
- Atividades e trabalho dos quais ele possa se orgulhar.

LEÃO – COLEÇÃO VOCÊ E SEU SIGNO ♌ 135

CAMPOS PROFISSIONAIS MAIS INDICADOS

Teatro, carreiras militares, política, serviço social, advocacia, medicina (cardiologia e ortopedia), dramaturgia, antiquário, arqueologia e antropologia, dança e balé, ourivesaria e joalheria, administração bancária, diplomacia, magistério universitário, desenho, pintura, decoração, relações públicas, pilotagem, ginástica.

Os muitos signos nos decanatos de Leão

A divisão do signo de Leão em três decanatos distintos, como acontece com os demais signos, nos dá tipos diferenciados de nativos. Os que nascem no primeiro decanato recebem uma influência determinante do signo anterior, Câncer. Os do segundo decanato revelam um temperamento típico e puro do signo e, finalmente, os do terceiro decanato absorvem a influência do signo seguinte, Virgem, com o qual mesclam algumas de suas características.

TIPO LEÃO-CÂNCER — DE 21 A 31 DE JULHO

Regência Sol-Saturno ☼ ♄ O nativo deste decanato, que compreende o período de 21 a 31 de julho, é mais comedido na tomada de decisões que seus demais companheiros de signo.

Sua busca de preeminência e de destaque diante dos outros não se faz apenas pelo prestígio, mas resulta de sincera vocação para a liderança.

É mais cooperativo e aberto à participação e se mostra rigoroso no desempenho de suas funções e obrigações. Tem uma vida sentimental mais segura e firme que os demais tipos leoninos, e isso se reflete em seu modo de ser.

Seus sentimentos são contraditórios, pois quase sempre estão divididos entre o coração e a razão. Guarda mágoa, mostra muito orgulho e reage explosivamente quando a provocação ultrapassa o que considera seus limites.

É bom organizador e um correto executor. Revela-se mais caseiro que o tipo puro. Nele se mostram repentes de mau-humor. Esconde seu desconhecimento de um assunto numa aparência de arrogância e de orgulho, pois é bem mais vulnerável que seus companheiros de signo.

Mais sensível, toma como ofensa pessoal as críticas que lhe são feitas. Isola-se facilmente e é extremado na defesa daquilo que não domina, buscando compensar essa deficiência com uma eloqüência marcante.

TIPO LEÃO-PURO — DE 1º A 10 DE AGOSTO

Regência Sol-Júpiter ☼ ♃ Um ator à frente no palco, um ser dominador e figura impressionante que transpira autoconfiança, um dom que o faz dotado de muito controle pessoal e de um poder de mando dificilmente superado.

O leonino puro, que nasce entre 1º e 10 de agosto, tem grande capacidade para o julgamento rápido de qualquer situação, por mais intrincada que lhe pareça. Exige atenção e busca sempre a proeminência diante dos outros, mostrando nítida e bem clara consciência de seu próprio valor.

Normalmente, é uma pessoa que tem a generosidade à flor da pele e na ponta da língua. Pouco agressivo, mostra uma enorme força interior que lhe governa gestos e toda a vida. Tem gosto requintado e é dado a rápidas explosões de cólera que, no entanto, passam num átimo.

É corajoso e destemido como deve ser um líder, mas, em contrapartida, exagera na busca do domínio sobre os outros, quando se revela arrogante e egoísta, o que busca sempre esconder.

É dado a fazer promessas que não pode cumprir e, muitas vezes, vai pela aparência de pessoas e acontecimentos.

É ambicioso quanto à riqueza e ao luxo. Tem profundo medo de perder o prestígio. É pragmático na busca do sucesso e sempre mostra uma incontrolável necessidade de se sentir importante.

TIPO LEÃO-VIRGEM — DE 11 A 22 DE AGOSTO

Regência Sol-Plutão ☼ ♇ O nativo do último período, aquele que nasce entre 11 e 22 de agosto, tem no intelecto e no conhecimento a razão para toda a sua força de liderança e domínio.

Com perfeita consciência de seu valor e de seu lugar no mundo, é mais comedido e fechado que seus companheiros de signo, mostrando-se frio quando magoado ou contrariado, o que destoa dos francamente abertos leoninos dos outros dois tipos.

Tem muita acuidade mental e, como conseqüência dessa capacidade ágil e imediata, é mais crítico e percebe com maior rapidez os principais traços de caráter de outras pessoas. Sabe como ninguém o momento exato para usar seus dons e sua capacidade de avaliação.

Menos apegado ao luxo, sempre analisa cuidadosa e demoradamente antes de concluir qualquer coisa, outra característica que o diferencia dos demais nativos do signo. Nas relações pessoais, é calorosamente generoso, mas se revela contido com aquilo que não conhece.

Prático e excelente organizador, mostra-se superior e atrai hostilidade com mais facilidade exatamente por essa postura. Para ele, leonino com influência de Virgem, não é difícil mostrar-se desagradável e ríspido quando corrige ou adverte, pois sabe como ninguém usar da crítica mais destrutiva e ácida.

Apesar disso, tem raro senso de dignidade pessoal

e, mesmo frio e introvertido, não é insensível. Suas relações não são muito calorosas ou duradouras, pois ele é mais cauteloso e medroso que os demais leoninos.

Teme a desilusão e, por isso, é tão criterioso e fechado nos seus sentimentos.

Capítulo 4

O Temperamento

O ascendente revela os seus segredos

O que, para os leigos, é um intrigante "signo ascendente", para os mais versados em astrologia é um dos principais elementos da análise de características de uma pessoa. Aos poucos, esse dado vai ganhando importância muito grande para os que se interessam pelo estudo da influência astral sobre o ser humano, na mesma medida de sua significação para os especialistas na matéria.

Signo do "eu" real, do temperamento que temos em nossa vida adulta, o ascendente é determinado pelo planeta que se elevava no céu — daí seu nome, ascendente — na hora exata do nascimento de uma pessoa.

Primeira casa do mapa zodiacal pessoal do ser humano, o ascendente é calculado com base no exato instante do nascimento, quando o ser humano, ao vir à luz, inspira pela primeira vez e toma contato, pelo oxigênio que lhe infla os pulmões, com o mundo a sua volta, desligando-se do útero materno.

Isso mostra a importância de se descobrir o momento mais exato em que tal fato ocorreu. Para entender melhor a noção de signo ascendente, devemos

144 MAX KLIM

ter em conta que, em seu movimento de rotação, a Terra percorre ao longo das 24 horas do dia os 12 signos do zodíaco e, a cada duas horas aproximadamente, ocorre a mudança do signo que sobe no chamado "horizonte oriental", onde nasce o Sol.

A presença desse signo em nosso mapa de características determina a base de todo mapa astral, por simbolizar o "eu" real, instintivo, oculto e determinante de nossos impulsos e motivações interiores.

É o nosso temperamento, a forma real de nos comportarmos e aquela que a cultura oriental classifica de "personalidade do coração". Se o nosso signo solar revela nossa individualidade, a nossa forma inconsciente de ser é determinada exatamente por esse signo complementar, o ascendente.

É a combinação desses dois signos que faz da pessoa uma individualidade distinta e mostra que, mesmo nascendo em um mesmo signo, duas ou mais pessoas serão em sua vida bem diferentes ao somarem elementos distintos de suas características.

Com base nesse estudo e na determinação do signo que rege a personalidade interior da pessoa, vamos ter alguns dados que complementam a análise sobre nossa maneira de ser e reagir diante do mundo.

Cláudia Hollander, um dos maiores nomes da astrologia na América Latina, afirma que "o ascendente, ou casa um, é a constituição física, o caráter e o temperamento fundamental" de uma pessoa. E afirma ainda que o nosso signo solar, este que todos conhecemos e que nos é dado pelo dia e mês do nas-

LEÃO – COLEÇÃO VOCÊ E SEU SIGNO ♌ 145

cimento, "é o nosso eu manifesto, nossa vontade consciente e assumida, mas as motivações mais profundas e inconscientes, impulso básico da personalidade", estão no ascendente que se associa ao momento da vinda da pessoa à vida extracorpórea no exato instante em que nascemos e começamos a respirar com força própria.

Por isso, determinar corretamente o ascendente é muito importante em qualquer estudo sobre nossas características e forma de usá-las em proveito de nosso cotidiano.

Como calcular o ascendente

Para encontrar o signo ascendente, é preciso que se conheça, da forma mais exata possível, o momento do nascimento. De posse da hora e minuto, dia, mês e ano, como primeiro passo, deve-se verificar na Tabela 1 se nesse período vigorava o horário de verão para a cidade onde ocorreu o nascimento. Nesta tabela, estão listados os locais e ocasiões em que, no Brasil, os relógios foram adiantados em uma hora.

Se o nascimento se deu em um dos períodos de vigência do horário de verão, a pessoa deve, como primeiro cuidado, proceder à subtração de uma hora no horário de nascimento que consta em seus documentos.

Assim, por exemplo, se uma pessoa nasceu na região Sudeste, no dia 2 de fevereiro de 1965, às

146 MAX KLIM

18h30, quando vigorava o horário de verão, todo o cálculo do Ascendente deverá ser feito com a subtração inicial de uma hora no horário registrado na certidão de nascimento ou de batismo. Assim, o horário real para o local de nascimento da pessoa deste exemplo será 17h30.

Feito o ajuste quanto ao horário de verão, deverão ser seguidos os seguintes passos para se encontrar o momento em que foi determinado o ascendente.

1º passo — Uma vez conhecidos o horário real e o local onde a pessoa nasceu é preciso determinar a "hora local" do nascimento, um procedimento simples, que indicará, com as correções em minutos para aquele ponto específico do país, a hora-base de todo o cálculo. Para isso, utiliza-se a Tabela 2, em que figuram a correção e a latitude em graus das capitais dos estados brasileiros. Para encontrar a hora local de nascimento, primeiramente deve ser feita a correção da hora real e local, somando ou subtraindo o tempo indicado nessa tabela.

Para o exemplo indicado, de pessoa que nasceu às 17h30 do dia 2 de fevereiro de 1965, na cidade do Rio de Janeiro, deverão ser somados, como mostra a Tabela 2, mais sete minutos a esse horário. Dessa forma, obtém-se a hora local de 17h37.

2º passo — De posse da hora local de nascimento, ou seja, 17h37 no exemplo dado, deve-se somar esse número ao da "hora sideral" que se encontra na Tabela 3, para cada dia e mês do nascimento. Para isso, basta cruzar o dia do mês (localizado na coluna vertical à esquerda) com o mês do nascimento (localizado na coluna horizontal à direita). Dessa forma, obtém-se o horário específico, chamado hora sideral. Portanto, no exemplo dado, a hora sideral será 20h49.

Em seguida, deve-se determinar a "hora sideral individual". Nesse caso, soma-se a hora sideral (encontrada na Tabela 3) com a hora local (encontrada no primeiro passo com a Tabela 2). Para o exemplo dado, deve-se, então, somar 20h49 (hora sideral) com 17h37 (hora local). Assim, o resultado obtido é de 37h86.

Convertendo-se os 86 minutos em hora, chega-se ao resultado de 38h26. Como esse número é superior às 24 horas do dia, é preciso subtrair dele 24 horas, o que determina a hora sideral individual de 14h26.

Esse é o horário que vai determinar o ascendente e é a hora sideral individual de nascimento da pessoa do exemplo. Se o número encontrado na soma da hora local com a hora sideral da Tabela 3 fosse inferior a 24 horas, não haveria a subtração de 24 horas e se passaria direto ao cálculo do ascendente, como explicado no passo seguinte.

3º passo — Conhecida a hora sideral individual de nascimento, deve-se voltar à Tabela 2 para que seja encontrado o grau de latitude sul que vale para o local de nascimento. Nessa tabela, estão indicados os graus de latitude de cada uma das capitais brasileiras.

148 MAX KLIM

No exemplo dado, a pessoa nasceu no Rio de Janeiro, cidade que se situa a 23 graus de latitude sul. Na Tabela 4, estão relacionados, na parte superior, os graus diferentes que prevalecem em nosso cálculo.

Determinado o grau mais próximo daquele da cidade em que a pessoa nasceu, deve-se percorrer a Tabela 4, de cima para baixo, na coluna desse grau, até se encontrar a hora sideral individual do nascimento.

À esquerda na tabela, figura o signo ascendente. No exemplo dado, para a pessoa que nasceu no Rio de Janeiro (23 graus) e tem a hora sideral de 14h26 o signo ascendente é Câncer, que prevalecia para o Rio de Janeiro, entre 13h10 e 14h39.

LEÃO – COLEÇÃO VOCÊ E SEU SIGNO ♌ 149

Tabela 1 — Horário de Verão

Períodos em que foi adotado no Brasil o horário de verão, de acordo com os decretos do governo federal que mudam a hora legal em diversas regiões.

03.10.1931 às 11h até 31.03.1932 às 24h
03.10.1932 à 00h até 31.03.1933 às 24h
01.12.1949 à 00h até 15.04.1950 às 24h
01.12.1950 à 00h até 31.03.1951 às 24h
01.12.1951 à 00h até 31.03.1952 às 24h
01.12.1952 à 00h até 28.02.1953 às 24h
23.10.1963 à 00h até 01.03.1964 às 24h[1]
09.12.1963 à 00h até 01.03.1964 à 00h[2]
31.01.1965 à 00h até 31.03.1965 às 24h
01.12.1965 à 00h até 31.03.1966 à 00h
01.11.1966 à 00h até 28.02.1967 às 24h
01.11.1967 à 00h até 29.02.1968 às 24h
02.11.1985 à 00h até 14.03.1986 às 24h
25.10.1986 à 00h até 13.02.1987 às 24h
25.10.1987 à 00h até 06.02.1988 às 24h
16.10.1988 à 00h até 28.01.1989 às 24h[3]
15.10.1989 à 00h até 10.02.1990 às 24h[4]
21.10.1990 à 00h até 17.02.1991 às 24h[5]
20.10.1991 à 00h até 09.02.1992 às 24h[5]
25.10.1992 à 00h até 30.01.1993 às 24h[5]
17.10.1993 à 00h até 19.02.1994 às 24h[6]
16.10.1994 à 00h até 18.02.1995 às 24h[5]
15.10.1995 à 00h até 10.02.1996 às 24h[7]
06.10.1996 à 00h até 15.02.1997 às 24h[8]
06.10.1997 à 00h até 01.03.1998 à 00h[8]
11.10.1998 à 00h até 20.01.1999 às 24h[8]
03.10.1999 à 00h até 26.02.2000 às 24h[8]
08.10.2000 à 00h até 17.02.2001 às 24h
18.10.2001 à 00h até 16.02.2002 às 24h

[1] O horário de verão foi decretado apenas para SP, RJ, MG e ES.
[2] Válido em todo o território nacional.
[3] Todo o país, exceto os estados do AC, AM, PA, RR, RO e AP.
[4] Regiões Sul, Sudeste, Centro-Oeste, Nordeste, no estado de TO e nas ilhas oceânicas.
[5] Válido nos estados de SC, RS, PR, SP, RJ, ES, MG, GO, MS, BA, MT e no DF.
[6] Regiões Sul, Sudeste, Centro-Oeste, nos estados da BA, AM e no DF.
[7] Regiões Sul, Sudeste, Centro-Oeste, nos estados da BA, SE, AL e TO.
[8] Válido nos estados de RS, SC, PR, SP, RJ, ES, MG, BA, GO, MT, MS, TO e no DF.
[9] Válido nos estados de RS, SC, PR, SP, RJ, ES, MG, GO, MT, MS, TO, BA, SE, AL, PE, PB, RN, CE, PI, MA e no DF.

Tabela 2 — Correção Horária e Latitudes em Graus das Capitais Brasileiras

Cidade	Correção horária	Latitude
Aracaju (SE)	+ 32 min	10°
Belém (PA)	– 14 min	2°
Belo Horizonte (MG)	+ 4 min	19°
Boa Vista (RR)	– 3 min Norte	3° Norte
Brasília (DF)	– 12 min	15°
Cuiabá (MT)	+ 16 min	15°
Curitiba (PR)	– 17 min	25°
Florianópolis (SC)	– 14 min	28°
Fortaleza (CE)	+ 26 min	3°
Goiânia (GO)	– 17 min	16°
João Pessoa (PB)	+ 40 min	7°
Macapá (AP)	– 24 min	0° Equador
Maceió (AL)	+ 37 min	9°
Manaus (AM)	00 min	3°
Natal (RN)	+ 39 min	5°
Palmas (TO)	– 17 min	11°
Porto Alegre (RS)	– 25 min	30°
Porto Velho (RO)	– 16 min	9°
Recife (PE)	+ 40 min	8°
Rio Branco (AC)	+ 29 min	10°
Rio de Janeiro (RJ)	+ 7 min	23°
Salvador (BA)	+ 26 min	13°
São Luís (MA)	+ 3 min	3°
São Paulo (SP)	– 6 min	23°
Teresina (PI)	+ 9 min	5°
Vitória (ES)	+ 19 min	20°

LEÃO – COLEÇÃO VOCÊ E SEU SIGNO ♌ 151

Tabela 3 — Hora Sideral

DIA	JAN	FEV	MAR	ABR	MAI	JUN	JUL	AGO	SET	OUT	NOV	DEZ
1	18h42	20h45	22h39	0h41	2h39	4h42	6h36	8h38	10h40	12h40	14h41	16h40
2	18h46	20h49	22h43	0h45	2h43	4h46	6h40	8h42	10h44	12h44	14h45	16h43
3	18h50	20h53	22h47	0h49	2h47	4h50	6h44	8h46	10h48	12h48	14h49	16h47
4	18h54	20h57	22h51	0h53	2h51	4h54	6h48	8h50	10h52	12h52	14h53	16h51
5	18h58	21h00	22h55	0h57	2h55	4h57	6h52	8h54	10h56	12h55	14h57	16h55
6	19h02	21h04	22h59	1h01	2h59	5h01	6h56	8h58	11h00	12h58	15h01	16h59
7	19h06	21h08	23h03	1h05	3h03	5h05	7h00	9h02	11h04	13h02	15h05	17h03
8	19h10	21h12	23h07	1h09	3h07	5h09	7h04	9h06	11h08	13h06	15h09	17h07
9	19h14	21h16	23h11	1h13	3h11	5h13	7h08	9h10	11h12	13h10	15h13	17h11
10	19h18	21h20	23h14	1h17	3h15	5h17	7h12	9h14	11h16	13h14	15h17	17h15
11	19h22	21h24	23h18	1h21	3h19	5h21	7h15	9h18	11h20	13h18	15h21	17h19
12	19h26	21h28	23h22	1h25	3h23	5h25	7h19	9h22	11h24	13h22	15h24	17h23
13	19h30	21h32	23h26	1h29	3h27	5h29	7h23	9h26	11h28	13h26	15h28	17h27
14	19h34	21h36	23h30	1h32	3h31	5h33	7h27	9h30	11h32	13h30	15h32	17h31
15	19h38	21h40	23h34	1h36	3h35	5h37	7h31	9h33	11h36	13h34	15h36	17h34
16	19h42	21h44	23h38	1h40	3h39	5h41	7h35	9h37	11h40	13h38	15h40	17h38
17	19h46	21h48	23h42	1h44	3h43	5h45	7h39	9h41	11h44	13h42	15h44	17h42
18	19h49	21h52	23h46	1h48	3h47	5h49	7h43	9h45	11h48	13h46	15h48	17h46
19	19h53	21h56	23h50	1h52	3h50	5h53	7h47	9h49	11h52	13h50	15h52	17h50
20	19h57	22h00	23h54	1h56	3h54	5h57	7h51	9h53	11h55	13h54	15h56	17h54
21	20h02	22h04	23h58	2h00	3h58	6h01	7h55	9h57	11h58	13h58	16h00	17h58
22	20h06	22h08	0h02	2h04	4h02	6h05	7h59	10h01	12h02	14h02	16h04	18h02
23	20h10	22h12	0h06	2h06	4h06	6h09	8h03	10h05	12h06	14h06	16h08	18h06
24	20h14	22h16	0h10	2h12	4h10	6h13	8h07	10h09	12h10	14h10	16h12	18h10
25	20h18	22h20	0h14	2h16	4h14	6h17	8h11	10h13	12h14	14h14	16h16	18h14
26	20h22	22h24	0h18	2h20	4h18	6h21	8h15	10h17	12h18	14h18	16h20	18h18
27	20h26	22h27	0h23	2h24	4h22	6h24	8h19	10h21	12h22	14h22	16h24	18h22
28	20h30	22h31	0h26	2h28	4h26	6h28	8h23	10h25	12h26	14h26	16h28	18h26
29	20h33	22h35	0h30	2h32	4h30	6h32	8h26	10h29	12h30	14h29	16h32	18h30
30	20h37		0h34	2h36	4h34	6h36	8h30	10h33	12h36	14h33	16h36	18h34
31	20h41		0h37		4h38		8h34	10h37		14h37		18h38

Tabela 4 — Signo Ascendente

	lat. 5°	lat. 10°	lat. 15°	lat. 20°	lat. 25°	lat. 30°	
das	06:00	06:00	06:00	06:00	06:00	06:00	Áries
às	07:59	08:04	08:09	08:14	08:19	08:24	
das	08:00	08:05	08:10	08:15	08:20	08:25	Touro
às	09:59	10:09	10:19	10:29	10:39	10:49	
das	10:00	10:10	10:20	10:30	10:40	10:50	Gêmeos
às	12:19	12:29	12:39	12:49	12:59	13:09	
das	12:30	12:40	12:50	13:00	13:10	13:10	Câncer
às	13:39	13:54	14:09	14:24	14:39	14:54	
das	13:40	13:55	14:10	14:25	14:40	14:55	Leão
às	15:39	15:49	15:59	16:09	16:19	16:29	
das	15:40	15:50	16:00	16:10	16:20	16:30	Virgem
às	17:59	17:59	17:59	17:59	17:59	17:59	
das	18:00	18:00	18:00	18:00	18:00	18:00	Libra
às	20:19	20:09	19:59	19:49	19:39	19:29	
das	20:20	20:10	20:00	19:50	19:40	19:30	Escorpião
às	22:19	22:04	21:49	21:34	21:19	21:04	
das	22:20	22:05	21:50	21:35	21:20	21:05	Sagitário
às	23:39	23:29	23:19	23:09	22:59	22:49	
das	23:40	23:30	23:20	23:10	23:00	22:50	Capricórnio
à	01:59	01:49	01:39	01:29	01:19	01:09	
das	02:00	01:50	01:40	01:30	01:20	01:10	Aquário
às	03:59	03:54	03:49	03:49	03:39	03:34	
das	04:00	03:55	03:50	03:45	03:40	03:35	Peixes
às	05:59	05:59	05:59	05:59	05:59	05:59	

As combinações de Leão e o ascendente

Elemento fundamental para que se determine o temperamento do nativo, especialmente em sua maturidade, o signo ascendente permite combinações de características dos signos que atenuam ou intensificam influências sobre o nativo.

Por isso, é muito importante a análise combinada desses elementos, para se chegar a um quadro mais realista das características de uma pessoa, levando-se em conta o fato de que o ascendente atua diretamente sobre o "eu" interior, a forma de se expressar diante do mundo e os talentos e tendências que guardamos para nós mesmos.

Daí a importância da consideração do signo ascendente na análise de características, o que deve ser feito com cautela, pois, muitas vezes, uma diferença de poucos minutos pode mudar de forma sensível o cálculo para encontrá-lo, levando a pessoa a erros e comprometendo sua determinação exata.

Tradicionalmente, nos acostumamos a considerar correto e definitivo como nosso horário de nascimento aquele que consta em nossa certidão de registro civil, embora tal dado não seja inteiramente confiável, em razão da tendência de se "arredondarem" os horários.

154 MAX KLIM

Essa tendência existe no Brasil, notadamente no interior, e, poucas vezes, as pessoas anotam com exatidão o momento da primeira inspiração que a criança faz ao nascer. Por vezes, se a criança nasce, por exemplo, às 22h32, é registrada como tendo nascido às 22h00. Isso pode levar a um cálculo inteiramente errado do ascendente. Por isso, é importante obter a informação, com pessoas mais íntimas, do exato momento do nascimento, antes da realização desse cálculo.

As combinações do signo solar com o signo ascendente sugerem as seguintes características adicionais para o nativo de Leão:

Leão com ascendente em:

Áries ♈ Esta combinação de dois signos do mesmo elemento e bem próximos se dá em nível muito alto, com Áries ampliando o entusiasmo leonino e levando-o absorver sua capacidade criadora e seu dinamismo. A ambição do leonino é mais bem dirigida e ele se mostra muito mais criativo e menos exibicionista que os nativos típicos. Seus dons de liderança ganham maior profundidade, com motivação e capacidade de aprendizado. Seu egocentrismo, no entanto, é superdimensionado. As emoções ganham certa instabilidade, mas se tornam controláveis, e o amor o fascina.

LEÃO – COLEÇÃO VOCÊ E SEU SIGNO ♌ 155

Touro ♉ A influência taurina sobre o leonino se dá no campo do conservadorismo, o que faz o nativo mais cauteloso e observador de leis e regras. Aumenta a sua capacidade de racionalizar os fatos. A prudência passa a ser uma constante em seu comportamento. Suas ambições estruturam-se melhor. O nativo se torna mais requintado e exigente. O gosto pelos prazeres é aumentado e suas relações pessoais passam a ocorrer numa base de reciprocidade. Inovador e criativo, ele canaliza bem esses dons para um sentido mais objetivo. Realiza-se bem no amor.

Gêmeos ♊ Os elementos dos dois signos, ar e fogo, são complementares e isso se nota nesta combinação. O leonino se torna mais aberto e comunicativo e seus interesses são aumentados. A versatilidade geminiana é absorvida com os controles leoninos, tornando-se um fator muito positivo. Por outro lado, ampliam-se a arrogância e a superficialidade, que só são contidas com muito esforço. Surge um caráter mais alegre e brincalhão, irônico e atraente. O idealismo é levado a graus mais altos e, no amor, o nativo oscila entre fidelidade e aventureirismo.

Câncer ♋ Esta combinação nos leva a um leonino bem mais contido e melancólico que os seus companheiros de signo. São ampliadas neste nativo as características de determinação, especialmente na vida profissional, e de apego às tradições. Suas concepções de vida e caráter mostram lados contraditórios, marcados pela oscilação entre a paixão e a

156 MAX KLIM

suavidade, a determinação e a hesitação. Sua criatividade é maior e o misticismo e crença são bem delineados. A realização profissional interfere sensivelmente na sua vida afetiva e na busca de relações estáveis.

Leão ♌ O duplo leonino é uma pessoa que soma e multiplica qualidades e defeitos do signo. A necessidade de se sobressair é muito acentuada, assim como os dons de liderança e mando. Ao mesmo tempo, cresce a arrogância e a prepotência, que devem ser controladas. Seu brilho pessoal é muito maior e o encanto que cerca suas ações o torna atração e centro de atenções. Idealista exagerado, este nativo é levado pela sensibilidade a gestos grandiosos e a um alto desprendimento. Tem forte necessidade de relacionamento estável.

Virgem ♍ A presença virgiana gera para Leão, de imediato, um sentido bem mais efetivo de organização e determinação. O nativo se vê mais cuidadoso e minucioso em tudo o que faz e pensa. Surgem elementos de maior modéstia na forma de ser. Aumenta o senso crítico que passa a ser cáustico e rigoroso. Sua ambição e inteligência tornam-se bem mais acentuadas e voltadas para um sentido mais prático. A ânsia pelo perfeccionismo é aumentada e o detalhismo surge como complemento de caráter. As emoções no amor são mais contidas.

LEÃO – COLEÇÃO VOCÊ E SEU SIGNO ♌ 157

Libra ♎ Um grande fascínio pessoal, com a personalidade leonina bem mais equilibrada e segura, surge desta combinação que mostra uma visão mais otimista e confiante da vida. A harmonia libriana amplia o sentido de organização na vida leonina. As emoções são temperadas com maior segurança e contidas por um bom racionalismo. Em contrapartida, o nativo se mostra um pouco mais indeciso. O caráter leonino dá viabilidade ao senso de justiça libriano, engrandecendo o nativo. Seus relacionamentos afetivos são bem variados e intensos.

Escorpião ♏ A influência escorpiana sobre o leonino se dá nos campos do poder pessoal e do domínio sobre coisas e pessoas. O sentido de liderança é acentuado e ganha contornos mais definidos e práticos. O potencial criador do signo se expande e aumenta a sua atração por coisas novas e pelas mudanças. As emoções se acentuam e passam a se expressar de forma intensa, exuberante e profunda. Sua capacidade dedutiva e inteligência são agudamente dimensionadas para melhor e se ampliam os dons de intuição. É ciumento e possessivo.

Sagitário ♐ A busca pelo sucesso e o entusiasmo pela vida são componentes que se acentuam de forma notável neste leonino. Há uma forte tendência à impulsividade e o nativo aumenta sua autoconfiança a ponto de se considerar dono exclusivo da verdade. Mais determinado e seguro, intensifica a sua inquietação mental. O senso místico e os conceitos religiosos do nativo ganham maior expressão. É muito diversificado em seus interesses e mostra tendência à liberdade e à busca de aprovação e aceitação também no amor.

Capricórnio ♑ Esta é uma combinação extremamente feliz por colocar junto à exuberância leonina a contenção capricorniana. Com isso, expande-se a base de sucesso material do nativo, que alia ambição e poder, determinação e idealismo. Leão passa a ser determinado e implacável naquilo que busca realizar e soma a isso a força de vontade capricorniana, o que o leva sempre a alcançar a primazia no que faz. Seu senso prático é bem dimensionado. Pode se revelar teimoso e irritável. No amor mostra maior constância e fidelidade.

Aquário ♒ O signo oposto a Leão gera, a favor do nativo, um sentido mais original e avançado de vida, tornando-o um realizador de olhos postos no futuro. A força de vontade leonina é canalizada num sentido mais avançado e prático. O nativo tende a ser mais introvertido e isolado, mas suas reações são mais abertas e prontas a aceitar concepções alheias. A amizade ganha um sentido mais efetivo e prático, o que o leva a preferir relacionamentos menos intensos no campo afetivo. Sua inteligência se torna bem mais inovadora e aberta.

Peixes ♓ Esta combinação entre um signo do fogo com outro de água amplia a criatividade e o senso humanitário do leonino. Sua autoconfiança é reduzida e o nativo pode passar momentos de confusão quanto aos objetivos a perseguir. A sua afetividade ganha contornos bem mais claros, e ele soma ao seu temperamento uma dose muito maior de humanitarismo e sensibilidade. O leonino incorpora humildade e consciência a suas ações, revelando uma personalidade bem mais humana e afável. As ambições são contidas.

Bibliografia

ALVES, Castro. *Espumas flutuantes*. Rio de Janeiro: Ediouro, 1997.

AUSTREGÉSILO, Eliane Lobato. *Como interpretar seu mapa astrológico*. Rio de Janeiro: Tecnoprint, 1981.

BALBACH, A. *As plantas curam*. São Paulo: Edições MVP, 1969.

BECKER, Idel. *Pequena história da civilização ocidental*. São Paulo: Companhia Editora Nacional, 1970.

BENEDETTI, Valdenir. *As quatro estações do homem*. São Paulo: Editora Três, nº 4, nov. de 1986.

——. *Astrologia Hoje*, Todos têm suas fantasias eróticas. São Paulo: Editora Três, nº 5, dez. de 1988.

BISHOP, Jim. *O dia em que Lincoln foi assassinado*. Rio de Janeiro: Record, 1983.

BISHOP, Jim, LACERDA, Carlos. *Esta noite vou matar Lincoln*. Rio de Janeiro: Reader's Digest, v. 6, 1958.

CHANDU, Jack F. *Os signos do zodíaco*. Lisboa: Editorial Presença/Martins Fontes, 1972. 12 v.

DELORME, Renée Jeane, MIOLLA, Hermes. *A cura pelas plantas*. Porto Alegre: Escola Superior de Teologia São Lourenço de Brindes, 1980.

ENCICLOPÉDIA BARSA. Verbetes diversos. Rio de Janeiro: Encyclopaedia Britannica do Brasil Publicações Ltda., 1980.

162 MAX KLIM

ENCICLOPÉDIA DELTA LAROUSSE, Verbetes diversos. Rio de Janeiro: Editora Delta, 1980.

ENCICLOPÉDIA LAROUSSE CULTURAL. São Paulo: Nova Cultural, 1998.

ESTUDOS. East-West Astrology Education Partners. Astrology Overview, Internet Home Page. www.astrologyoverview.com (1998/1999).

ETCHEPARE, Rosa M. D. M. Os signos e o modo de amar. *Astrologia Hoje*, São Paulo: Editora Três, n° 5, dez. de 1986.

FACCIOLLO Neto, Antônio, FACCIOLLO, Vera. *Guia astrológico de bolso*.

INSTITUTO PAULISTA DE ASTROLOGIA. São Paulo: Nova Cultural, 1991.

FREEMAN, Martin. *How to interpret your birth chart*. Nova York: Thorsons Publishing Group, 1981.

GOODMAN, Linda. *Seu futuro astrológico*. 6ª ed. Rio de Janeiro: Record, 1968.

HOLLANDER, Cláudia. Método simplificado para calcular o signo ascendente. *Planeta*, São Paulo: Editora Três, dez. de 1981.

HUNT, Diana. *A astrologia e o amor*. 2ª ed. Rio de Janeiro: Casa Editora Vecchi, 1985.

KERSTEN, Holger. *Jesus viveu na Índia*. São Paulo: Best Seller, 1987.

LAROUSSE CULTURAL, GRANDE ENCICLOPÉDIA. Verbetes diversos. São Paulo: Nova Cultural, 1998.

LEE, Dal. *Dicionário de Astrologia*. Nova York: Coronet Communications, Inc, 1968.

MARCH, Marion, MCEVERS, Joan. *Curso básico de astrologia*. 10ª ed. São Paulo: O Pensamento, 1981. 3° vol.

LEÃO – COLEÇÃO VOCÊ E SEU SIGNO ♌ 163

OKEN, Alan. *Astrologia: evolução e revolução*. Rio de Janeiro. Nova Fronteira, 1973.

PINTONELLO, Aquiles. *Os papas — Síntese histórica*. São Paulo: Paulinas, 1986.

REVISTA ASTRAL. Rio de Janeiro: Rio Gráfica Editora, ano II, nº 2, dez. de 1985.

SAKOIAN, Frances, ACKER, Louis S. *O manual do astrólogo*. São Paulo: Ágora, 1993.

SURBECK, Edwin. *O horóscopo de Jesus*. Editora Esotera. Berlim: 1986.

VALADÃO, Alfredo. *Vultos nacionais*. 2ª ed. Rio de Janeiro: Freitas Bastos, 1974.

VÁRIOS AUTORES. *A sua sorte — Astrologia em fascículos*. São Paulo: Nova Cultural, 1985.

VÁRIOS AUTORES. *Curso prático de astrologia* (fascículos). Rio de Janeiro: Globo, 1988.

VÁRIOS AUTORES. *Scuola di astrologia* (fascículos). Roma/Milão. Edições Longanesi & C. Periodici/ Mondadori, 1985.

VÁRIOS AUTORES. *Zodiac. Datura Verlagsanstalt*. Berlim: Edições Triesenberg, 1972.

O autor

Com o pseudônimo Max Klim, o jornalista Carlos Alberto Lemes de Andrade é o responsável, há mais de três décadas, pelo horóscopo do *Jornal do Brasil* e de diversos órgãos diários da imprensa brasileira.

Primeiro jornalista especializado em astrologia no país, além da coleção *Você e Seu Signo* em doze volumes, o autor escreve obra sobre a Era de Aquário, sob o título provisório de *Aquário: o enigma das eras*, um dos mais profundos estudos sobre as eras astrológicas e as mudanças que vive a espécie humana.

Jornalista, advogado, administrador de empresas e professor de história, Carlos Alberto nasceu em Campanha (MG) em 27 de março de 1943. Ingressou no jornalismo em 1960, em Ituiutaba, no Triângulo Mineiro, transferindo-se posteriormente para o Rio de Janeiro, onde foi, por 16 anos, funcionário do Sistema JB, ocupando funções de gerência na Agência JB.

Colunista de filatelia e responsável pelo horóscopo do *Jornal do Brasil*, além de ser colaborador eventual, foi tradutor da agência soviética Novosti, redator de verbetes dos livros do ano da *Enciclopédia Delta Larousse*, redator da *Revista Bolsa*, colaborador de

166 MAX KLIM

diversos jornais, executivo Regional Sul da The United Press International e editor de jornais em Minas Gerais.

Historiador e autor das pesquisas históricas "Chibatas da liberdade", sobre a Inconfidência Mineira, e "Negro de guerra", sobre a Guerra do Paraguai, por tais estudos recebeu a medalha dos 200 anos da Inconfidência Mineira.

Atualmente, mantém páginas sobre astrologia em diversos *sites* da Internet, além de sua própria *home page* no endereço www.maxklim.com.

Seja um Leitor Preferencial Record
e receba informações sobre nossos lançamentos.
Escreva para
RP Record
Caixa Postal 23.052
Rio de Janeiro, RJ – CEP 20922-970
dando seu nome e endereço
e tenha acesso a nossas ofertas especiais.

Válido somente no Brasil.

Ou visite a nossa *home page*:
http://www.record.com.br